THE SCULPTURES OF
CHARTRES CATHEDRAL

LES SCULPTURES DE
LA CATHÉDRALE DE CHARTRES

T0370555

THE SCULPTURES OF CHARTRES CATHEDRAL

LES SCULPTURES DE LA CATHÉDRALE DE CHARTRES

TEXT IN ENGLISH AND FRENCH
TEXTE FRANÇAIS ET ANGLAIS

BY

MARGARET AND ERNEST MARRIAGE

Cambridge:
at the University Press
1909

CAMBRIDGE
UNIVERSITY PRESS

University Printing House, Cambridge CB2 8BS, United Kingdom

Published in the United States of America by Cambridge University Press, New York

Cambridge University Press is part of the University of Cambridge.

It furthers the University's mission by disseminating knowledge in the pursuit of education, learning and research at the highest international levels of excellence.

www.cambridge.org
Information on this title: www.cambridge.org/9781107689121

© Cambridge University Press 1909

First published 1909
First paperback edition 2014

A catalogue record for this publication is available from the British Library

ISBN 978-1-107-68912-1 Paperback

PREFACE

SO much has been written about the cathedral of Chartres that it may seem superfluous to add another book to the list of those which deal with it. For those familiar with the French language, the three-volume monograph of the Abbé Bulteau, though often too fantastic in its interpretations, leaves no detail of sculpture unnoted, and must always remain the classic book on the subject, while the visitor to Chartres has at his disposal excellent small guides by Clerval, Massé and Headlam. But exhaustively as it has been treated, the cathedral has never yet been adequately illustrated. Even in Bulteau's work the illustrations are few and poor. The great monograph published by the French government in 1842 is scarcely to be seen except in public libraries. Moreover, its date precluded its illustration by photography, and the best drawings cannot compete with photographs as accurate records of detail: the personal equation of the draughtsman may and does lead to errors

AVERTISSEMENT

ON a déjà tant écrit sur la cathédrale de Chartres qu'il pourrait sembler superflu d'ajouter encore au nombre des ouvrages qui en traitent. Pour les familiers de la langue française, les trois tomes de la monographie de l'Abbé Bulteau, malgré le caractère quelquefois trop peu scientifique des interprétations, resteront, par l'étude minutieuse des détails de chaque sculpture, l'ouvrage classique sur la cathédrale. Pour le touriste, il existe d'excellents petits guides par Clerval, et, en anglais, par Massé et par Headlam. Mais si la cathédrale a été très complètement étudiée, les illustrations qu'on en a publiées sont restées fort inférieures au texte. Même dans l'ouvrage de Bulteau, les dessins sont peu nombreux et sans grande valeur. Quant au grand atlas qu'a fait publier le gouvernement français en 1842, on ne le trouve guère que dans les bibliothèques publiques. De plus, il n'a pas pu, à cette date, être illustré par le moyen de la photographie, et quand il s'agit d'une copie fidèle, celle-ci l'emporte sur les dessins les plus soignés, puisque la personnalité du dessinateur peut l'éloigner de la vérité graphique. Il serait

of interpretation. To those who have the opportunity it may be interesting to compare the drawings in the monograph with the photographs here reproduced.

Though the art of photography has travelled far since 1842, it is only within recent years that its scope has been extended by the invention of the telephotographic lens (1891), and even now the advantages of telephotography are not widely appreciated. Yet the increased power which it puts into the hands of the architectural photographer in particular is enormous, and we have endeavoured to take full advantage of it here: those of our illustrations, generally speaking, in which the detail is on the largest scale are telephotographs, and these form perhaps the most valuable part of the series. In fact, without telephotography, the adequate illustration of such a building as Chartres Cathedral is impossible.

The aim of this book is thus, by utilising the resources of modern photography, to *illustrate* the cathedral on a scale hitherto unattempted. Though our collection of views cannot of course pretend to be exhaustive, we may at least claim that it is fairly representative. It deals, as will be seen, mainly with the sculptures on the doorways,

---

intéressant, pour ceux qui en auraient l'occasion, de comparer les dessins de l'atlas avec les photographies ici reproduites.

Quoique l'art de la photographie ait fait de grands progrès depuis 1842, ce n'est que depuis peu que son champ s'est trouvé merveilleusement élargi par l'invention de la lentille téléphotographique (1891), bien qu'aujourd'hui encore les avantages de la téléphotographie soient généralement loin d'être appréciés. Cependant, le pas en avant qu'elle a fait faire à la photographie, surtout dans le domaine de l'architecture, est énorme. Nous avons essayé d'en tirer parti aussi pleinement que possible dans cet album ; en général, celles de nos illustrations où les détails sont sur la plus grande échelle sont des téléphotographies, et ce sont peut-être celles qui ont le plus de valeur. On peut dire que sans la téléphotographie, il est impossible de représenter comme il faut un monument tel que la cathédrale de Chartres.

Le but de notre livre est donc, en utilisant les ressources de la photographie moderne, d'*illustrer* la cathédrale plus pleinement qu'on ne l'a essayé jusqu'ici. Bien entendu, nous ne prétendons pas présenter un ensemble complet des sculptures, mais nous osons du moins espérer que cette série est assez représentative. Elle est consacrée,

though some more general architectural views and a few subjects from the interior are included. The magnificent stained glass, the glory of the cathedral almost in equal degree with its sculptures, is unfortunately not easily susceptible of photographic reproduction. Let us hope that the recent remarkable advances in colour photography are forerunners of greater achievements, and that before many years elapse the stained windows may be as accurately reproduced in all their colours as the sculptures can be in monochrome.

The illustrations being the end and object of the book, the text only aims at elucidating them, explaining the subjects as far as they are known, and giving their symbolic interpretation, with reference to the most recent and authoritative writers. We trust that the book may afford a collection of valuable material for lovers of art and students of iconography, for both of whom this cathedral offers an unequalled field of interest.

With the exception of three negatives (Plates 51, 92 and 93), for which we are indebted to the kindness of Mrs F. E. Garrett, the collection was made during visits to Chartres in 1901, 1903 and 1907.

---

comme on verra, en grande partie aux sculptures des portails, mais elle renferme, en outre, des vues plus générales de l'extérieur du monument et quelques sujets de l'intérieur. Les magnifiques vitraux, qui font la gloire de la cathédrale, presque autant que ses sculptures, ne sont malheureusement pas facilement susceptibles d'être reproduits par la photographie. Mais on peut espérer, avec les progrès remarquables de ces dernières années, que la photographie en couleurs nous réserve des découvertes plus remarquables encore, et qu'avant peu les vitraux polychromes pourront être reproduits par la photographie dans toutes leurs couleurs aussi fidèlement que les sculptures le sont aujourd'hui en monochrome.

Les illustrations étant donc la raison d'être de ce livre, le texte ne vise qu'à les commenter, en expliquant les sujets des sculptures, et en indiquant leur signification symbolique, d'après les sources les plus récentes et les plus autorisées. Nous espérons que le livre fournira un recueil de précieux matériaux pour les amateurs d'art et d'iconographie, à qui Chartres offre un champ d'intérêt unique.

Sauf trois clichés que nous devons à l'obligeance de Mrs F. E. Garrett, nos photographies ont été faites en 1901, 1903 et 1907.

All the photographs of the south porch were taken after its restoration, which was practically completed in 1901. We were fortunate in securing our set of the north porch mainly before the 1907 visit, as at that time this porch, presumably unsafe, was shored up with heavy timbers and photography there was impracticable. All the views of the north porch were therefore taken before any recent restoration. As for the west doorways they were restored about the middle of the last century.

We desire gratefully to express our obligations to Mademoiselle J. Bottentuit for revising the French part of the book, and to Mr Horace White, A.R.I.B.A., for valuable assistance in dealing with technical architectural points, as well as for their kindness in reading the proofs.

MARGARET S. MARRIAGE.
ERNEST MARRIAGE.

LOUGHTON, *May* 1909.

Toutes celles du porche sud sont postérieures à la restauration de celui-ci, déjà à peu près terminée en 1901. Quant à celles du porche nord, elles ont été prises, par bonheur, pour la plupart, avant notre visite de 1907, époque à laquelle le porche, probablement peu sûr, était étayé par des charpentes qui rendaient toute photographie impossible. Les vues du porche nord sont donc antérieures à toute restauration récente. Les portes occidentales, elles, furent restaurées au milieu du siècle dernier.

Nous désirons exprimer notre reconnaissance à Mademoiselle Juliette Bottentuit, d'avoir revu le texte français, et à M. Horace White pour les précieux conseils qu'il nous à donnés sur des questions techniques d'architecture ; nous les remercions en outre d'avoir eu la bonté de relire les épreuves.

MARGARET S. MARRIAGE.
ERNEST MARRIAGE.

LOUGHTON, *mai* 1909.

ILLUSTRATIONS

ERRATUM

Page 118, line 8, *for* plate 91 *read* plate 92.

INTRODUCTION

THE cathedral of Chartres stands on high ground overlooking the city and the plain of the Eure. The most comprehensive and characteristic views of it are to be obtained from the opposite bank of the moat surrounding the town on the side south-east of the cathedral. Thence it is seen as a great stone bulk whose massive outline is relieved by the graceful flying-buttresses of the nave and apse, and by the two beautiful western towers.

The chief features of the cathedral as it exists to-day may be briefly indicated. The west front is flanked by two lofty towers ending in octagonal spires: the towers are not alike, the north-western one being higher and lighter. The west entrance is formed by three doors placed between the towers and therefore all opening into the nave: they are richly decorated with sculptures. Above these are three lofty windows, then a great rose-window: the façade is surmounted, between the towers, by a pointed gable. The nave is supported on both sides by five flying-buttresses of a peculiar and graceful form.

La cathédrale de Chartres, bâtie sur une hauteur, domine la ville et la plaine de l'Eure. Elle n'apparaît dans tout son ensemble harmonieux que lorsqu'on a dépassé les fossés qui entourent la ville, au sud-est de la cathédrale. Elle surgit alors comme une masse imposante et solide, allégée toutefois par les gracieux arcs-boutants de la nef et de l'abside, et par les deux clochers exquis de la façade occidentale.

Nous indiquerons brièvement les traits principaux de la cathédrale comme elle existe aujourd'hui. La façade occidentale est flanquée de deux tours carrées surmontées de flèches octogonales ; les clochers ne sont pas symétriques, celui du nord-ouest s'élevant plus haut et plus léger. Les trois portes du portail occidental, resserré entre les clochers, donnent toutes dans la nef ; elles sont très richement ornées de sculptures. Au-dessus d'elles sont percées trois hautes fenêtres, puis à l'étage supérieur une grande rose ; et la façade entre les clochers est couronnée d'un pignon aigu. La nef est étayée des deux côtés de cinq arcs-boutants doubles, d'un dessin tout particulier et

The transepts are each flanked by two uncompleted towers: the entrance to each transept is formed by three doors, protected by a very beautiful porch with three bays, the porches and the doors being richly sculptured. The apse is supported by flying-buttresses of a somewhat different design from those of the nave. It is flanked, like the transepts, by two uncompleted towers. Another tower, according to the original plan, was to have been built over the transept crossing: the cathedral was thus to have had nine towers of which only the two on the west front were ever completed.

The interior is very lofty and dark, lighted by magnificent windows of thirteenth-century stained glass. The nave is wide, and short in proportion to the transepts and choir; it has six bays. The four piers at the transept crossing, originally destined to support a tower, are extremely massive. A triforium runs round the whole building. The choir is enclosed by a beautiful carved stone screen. Round the apse is a double ambulatory, from which open seven chapels.

Beneath the church is a very extensive crypt, most of it older than the church above.

---

très gracieux. Les deux croisillons du transept sont flanqués chacun de deux clochers qui n'ont jamais été finis. Trois portes, abritées d'un très beau porche de trois baies, donnent accès au transept de chaque côté de l'église, les portes et les porches étant très richement sculptés. L'abside est étayée d'arcs-boutants, d'un dessin un peu différent de ceux de la nef. Comme les deux croisillons du transept, elle est flanquée de deux clochers inachevés. Un autre clocher, selon le plan originaire, devait être construit au-dessus de la croisée; la cathédrale devait ainsi avoir neuf clochers; seuls les deux de la façade occidentale ont été terminés.

La voûte de la nef est très élevée; de magnifiques vitraux du 13e siècle éclairent la cathédrale fort sombre. La nef est large et courte relativement au transept et au chœur; elle a six travées. Les quatre piliers de la croisée, destinés originairement à supporter un clocher, frappent par leur massivité. Un triforium court tout autour du vaisseau. Le chœur est enfermé d'une très belle clôture sculptée. Autour du chevet, avec son déambulatoire double, rayonnent des chapelles au nombre de sept.

Au-dessous de l'église est une crypte de grande étendue, et plus ancienne en grande partie que la cathédrale actuelle.

Plate 1

1. View near the Porte Guillaume.

Vue prise de la Porte Guillaume.

The cathedral as it thus appears is the work of successive ages. Mediaeval tradition asserted that a Druid temple once stood on the site, and in Christian times there are records of five successive churches, built probably of wood and each in turn burnt down. A sixth was built by Bishop Fulbert during the eleventh century. In 1134, a fire which destroyed a great part of the town of Chartres did such damage to the western part of Fulbert's cathedral that it had to be rebuilt. A great wave of popular enthusiasm, recorded as occurring in 1144, which incited the whole population of the province to labour at the cathedral, enabled the reconstruction to be carried out rapidly, and on a more extended scale than was at first designed. Two towers were built (previously the church had only one, isolated from the rest of the building); the nave, which formerly stopped short of the towers, was lengthened up to them ; and a new west front was built in a line with the back of the towers. But the misfortunes of Chartres were not yet ended ; a fresh fire, in 1194, destroyed the whole cathedral except the newly-built towers and west front, which thus are the only parts remaining of the twelfth-century

La cathédrale, comme elle apparaît à présent, est l'œuvre de plusieurs siècles. La tradition du moyen âge affirmait qu'une chapelle druidique en occupait autrefois l'emplacement; et depuis les premiers siècles du christianisme, il existe des documents qui font mention de cinq églises successives, bâties probablement en bois et incendiées tour à tour. Une sixième fut construite par l'évêque Fulbert au onzième siècle. En 1134, un incendie qui détruisit une grande partie de la ville de Chartres endommagea le côté occidental de l'église de Fulbert à tel point qu'il fallut le rebâtir entièrement. Un grand courant d'enthousiasme populaire, que relatent des documents de l'année 1144, poussa la population de la province à travailler à la cathédrale, et permit non seulement d'avancer très rapidement à sa reconstitution, mais d'opérer sur des plans plus grandioses que les premiers. On bâtit deux clochers (l'église n'en avait possédé jusqu'alors qu'un seul, isolé en avant du monument); on prolongea jusqu'aux clochers la nef qui auparavant n'y atteignait pas ; on construisit une nouvelle façade, au niveau du mur oriental des clochers. Mais de nouveaux malheurs menaçaient Chartres: en 1194 un autre incendie détruisit l'église entière, sauf les plus récentes constructions, les clochers et la façade, qui sont ainsi les seules parties qui restent de la cathédrale du

Plate 2

2. A glimpse of the North Porch.

Coup d'œil du porche nord.

church.   Undiscouraged, the clergy and people of Chartres, aided by the offerings of the pious of all countries, set to work to rebuild their cathedral.   The west front was moved forward so as to be in a line with the front of the towers, and the rose-window added ; the nave, transepts, and choir were built, and the porches were begun.   By 1226 the building was completed in its main lines, and in 1260 it was consecrated, though all the decoration was not finished (the sculptures of the north and south porches were not finished till about 1280). The fourteenth century saw the construction of the upper parts of the building, the gables and galleries of the west front and transepts. Early in the sixteenth century a new stone spire replaced the old wooden one of the " New Tower " which had been destroyed by fire. The choir screen was carved in the sixteenth and seventeenth centuries.

Architecturally, the cathedral is often judged to be the finest in France, and from the double point of view of art and iconography it is of quite unique interest.   The sculpture is here not a mere accessory, not an ornament added as an afterthought, it is an intimate part of the architecture, whose position and effect formed part of the plan : and it represents, as that of no other building does, the highest point

---

douzième siècle.   Sans se décourager, le clergé et le peuple de Chartres, aidés par les offrandes des fidèles de tous les pays, se remirent à l'œuvre pour relever leur cathédrale.   On transporta en avant la façade pour qu'elle fût en alignement avec les murs occidentaux des clochers ; on y ajouta la rose ; on construisit la nef, le transept et le chœur, et on commença les porches.   En 1226 le gros œuvre était achevé, et en 1260 le monument fut consacré, quoique les décorations ne fussent pas terminées (les sculptures des porches ne furent achevées que vers 1280).   Le 14e siècle vit la construction des parties supérieures de l'édifice—les pignons et les galeries de la façade ouest et du transept.   Au commencement du 16e siècle, une nouvelle flèche en pierre remplaça l'ancienne en bois du " clocher neuf," détruite par un incendie.   La clôture du chœur fut sculptée dans le courant du 16e et du 17e siècle.

Comme architecture, on estime souvent cette cathédrale comme la plus belle de France, et sous le double rapport de l'art et de l'iconographie, elle est d'un intérêt absolument unique.   La sculpture n'est pas ici un simple accessoire, un ornement ajouté après coup ; c'est une partie essentielle de l'architecture, dont la position et l'effet étaient prévus dans le plan originaire.   Elle est le plus bel exemple que l'on

reached by mediaeval art at two distinct periods. The twelfth-century western doorways, with their strange, conventional, half Byzantine statuary, represent the Romanesque sculpture of Northern France, at a time of which little else remains to compare with them (save a door at Le Mans, two at Bourges, and the portals of a few little-known country churches, St Loup de Naud, Notre Dame d'Etampes; the great cathedrals are all later). The north and south porches, on the other hand, represent Northern French Gothic of the thirteenth century, as we find it also at Amiens, Paris and elsewhere, yet nowhere with such power and beauty as here.

But the artistic greatness of this sculpture is only one part of its extraordinary interest. As men in various ages have expressed their thought in stained glass, in painting, in books, here they have expressed it in carved stone. Nowhere else in France, or even in Europe, is there to be found so complete an expression of mediaeval symbolism. Particularly in the sculptures of the doors is this symbolism so to speak concentrated. Didron, and after him M. Mâle, have traced, in the three portals of Chartres, a sort of reflection of

---

puisse trouver de l'art du moyen âge à deux époques distinctes de sa floraison. Les portes occidentales du milieu du 12e siècle, avec leur étrange statuaire, stylisée et à moitié byzantine, donnent un exemple de la sculpture romane du nord de la France, à une époque antérieure à toutes nos grandes cathédrales, et dont il ne nous reste que peu de vestiges (une porte de l'église du Mans, deux de Bourges, et les portails de quelques petites églises de province peu connues, telles que St Loup de Naud, Notre Dame d'Etampes). D'un autre côté, les porches nord et sud représentent l'art gothique de la France septentrionale au 13e siècle, comme nous le retrouvons à Amiens, à Paris et ailleurs, mais nulle part aussi puissant, aussi splendide qu'ici.

Mais la supériorité de cette sculpture au point de vue de l'art n'est qu'un seul côté de l'intérêt extraordinaire qu'elle a pour nous. De même qu'à des époques différentes les hommes ont choisi pour exprimer leur pensée le vitrail, la peinture, le livre, ici ils l'ont exprimée dans la pierre sculptée. Nulle part ailleurs en France, ni même en Europe, on ne trouve une expression aussi complète du symbolisme du moyen âge. C'est surtout dans la sculpture des portes que ce symbolisme est pour ainsi dire concentré. Didron, et après lui M. Mâle, se sont complus à retrouver dans les portails de

works of mediaeval philosophy like the "Speculum majus" of Vincent
of Beauvais. There is the "Mirror of Nature" in the carvings of
animals and plants which decorate all three portals; the "Mirror of
Knowledge" in the labours of the months and the allegorical delinea-
tions of Arts and Sciences on the west and north doors; the "Mirror
of Morality" in the representations of Virtues and Vices on the north
and south porches, the figures of the Active and Contemplative Life
on the north porch; the "Mirror of History" beginning with the
Creation and the story of Adam and Eve on the north porch, continuing through the Old Testament story on the same porch with the
figures of Job, Gideon, Samson, Samuel, David, Solomon, Esther,
Judith, Tobias, and many another, taking up the New Testament with
the history of Mary and Christ on the west, of Stephen on the south,
coming down to later ages with the lives of saints and martyrs on the
south porch, and ending on the same porch with the great prophetic
vision of the Last Judgment. As M. Mâle well says, "the cathedral of Chartres is the very thought of the Middle Ages made
visible."

Chartres une sorte de reflet des œuvres philosophiques du moyen
âge, telles que le "Speculum majus" de Vincent de Beauvais.
Il y a ici le "Miroir de la Nature" dans les sculptures d'animaux et
de plantes qui ornent les trois portails; le "Miroir de la Science"
dans les Travaux de l'Année et les figurines allégoriques des Arts et
des Sciences, sur les porches ouest et nord; le "Miroir moral" dans
les représentations des Vertus et des Vices sur les portails nord et
sud, de la Vie active et de la Vie contemplative sur le porche nord;
le "Miroir historique" qui débute par la Création et l'histoire d'Adam
et d'Ève sur le porche nord, fait apparaître, sur le même porche, les
personnages du Vieux Testament et des apocryphes, Job, Gédéon,
Samson, Samuel, David, Salomon, Esther, Judith, Tobie et maints
autres, ouvre le Nouveau Testament par l'histoire de Marie et de
Jésus sur le portail occidental, de St Étienne sur le porche sud,
continue à travers les âges plus récents dans les vies des saints et
des martyrs du porche sud, et termine, sur ce même porche, par la
grandiose vision prophétique du Jugement dernier. Comme M. Mâle
a bien dit, cette cathédrale de Chartres "est la pensée même du
moyen âge devenue visible."

WEST FRONT

3. The Towers, from the South-east.

The square towers, and the spire of the southern one, formed part of the twelfth-century church (Introduction, p. 4). M. Maurice Lanore has shown[1] that the northern tower, the so-called "New Tower," is really the older of the two. It was built, probably after the fire of 1134, separate from and in advance of the west front (the cathedral being then shorter than now). About 1145 the tower must have been built up to the height of the gallery of the present west front (plate 5), and it was then decided to build a second tower, and join the cathedral to both by lengthening the nave.

This second tower, the southern or "Old Tower," was built, with its spire, during the second half of the twelfth century. Its archi-

---

3. Les Clochers, du Sud-est.

Les tours carrées des deux clochers, et la flèche de celui du sud, faisaient partie de la cathédrale du 12ᵉ siècle (Introduction, p. 4). M. Maurice Lanore a démontré[1] que celui du nord, le "clocher neuf," est en réalité le plus ancien des deux. Il a été bâti (probablement après l'incendie de 1134) isolé en avant de la façade, la longueur de la cathédrale d'alors étant moindre que celle d'aujourd'hui. Vers 1145 le clocher devait atteindre le niveau de la galerie de la façade actuelle (v. planche 5). C'est seulement alors qu'on eut l'idée de bâtir un second clocher, et de les réunir à la cathédrale en prolongeant la nef.

Ce second clocher, celui du sud, appelé le "clocher vieux," a été bâti avec sa flèche pendant la seconde moitié du 12ᵉ siècle. Son

[1] "Reconstruction de la façade de la cathédrale de Chartres au 12ᵉ siècle," in the *Revue de l'art chrétien*, 1899—1900.

tecture is the admiration of all judges. Viollet-le-duc[1] says of it: "All the effect is produced, not by ornament but by the just and skilful proportioning of the various parts. The transition from the square base to the octagonal spire, very difficult to manage, is here contrived and carried out with a skill which has never been surpassed in buildings of the kind." The height of the present west front somewhat takes away from the effect of the tower; when the front, as in the twelfth century, ended below the present rose-window, the tower must have appeared far more slender and lofty.

The north tower was originally surmounted only by a wooden spire. This spire was destroyed in the fire of 1194, rebuilt of wood, and again burnt down in 1506. The present spire was built by Jehan le Texier, called Jehan of Beauce, between 1507 and 1513.

The photograph here reproduced was taken in 1901, before the restoration of the "Old Tower" was begun.

---

architecture fait l'admiration de tous les connaisseurs. Viollet-le-duc l'apprécie ainsi[1]: "Tous les effets sont obtenus non par des ornements, mais par la juste et savante proportion des diverses parties. La transition si difficile à établir entre la base carrée et l'octogone de la flèche est ménagée et conduite avec une adresse qui n'a point été surpassée dans les monuments analogues." La hauteur de la cathédrale actuelle nuit un peu à l'effet de ce clocher; quand celle-ci ne s'élevait, comme au 12e siècle, qu'au bas de la rosace, le clocher devait paraître bien autrement haut et élancé.

Le clocher nord n'était surmonté originairement que d'une flèche en bois. Cette flèche fut détruite dans l'incendie de 1194, rebâtie en bois, et de nouveau brûlée en 1506. La flèche actuelle fut construite par Jehan le Texier, dit Jehan de Beauce, entre 1507 et 1513.

La photographie que nous reproduisons ici a été faite en 1901, avant qu'on ait commencé la restauration du clocher vieux.

---

[1] *Dictionnaire d'Architecture*, vol. III. p. 362. Plans of the towers are there given, and a detailed description.

Plate 3

3. The Towers from the South-East.

Les clochers, du sud-est.

4. ANGEL SUN-DIAL.

At the corner of the "Old Tower," on the lowest storey, is placed this statue of an angel with outspread wings, holding a sun-dial. The figure of the angel belongs evidently to the same period as the tower and the west porch, having all the characteristics of the statuary on the porch. Vöge[1] attributes it, in particular, to the sculptor of the statues on the central door. The statue does not appear to have been placed here originally, and the dial is much later work, bearing the date 1578.

Two other figures are placed on the south side of the Old Tower, an ass playing the harp and a sow spinning.

---

4. ANGE-MÉRIDIEN.

Au coin du clocher vieux, à l'étage inférieur, est placée cette statue d'un ange, aux ailes déployées, tenant un cadran solaire. La statue de l'ange est évidemment contemporaine du clocher et du portail occidental : elle a tous les caractères des sculptures de ce portail. M. Vöge[1] croit même y pouvoir reconnaître la main qui a sculpté les statues de la porte centrale. Cette statue ne paraît pas être ici à sa place primitive. Le cadran est postérieur à la statue ; il porte la date 1578.

Deux autres figures sont placées contre le mur sud du clocher vieux, "l'âne qui vielle" et "la truie qui file."

[1] *Die Anfänge des monumentalen Stiles im Mittelalter.*

Plate 4

4. Angel Sun-dial.

Ange-méridien.

5. WEST FRONT.

The two towers with the spire of the southern one, the porch, and the front up to the top of the three long windows were part of the twelfth-century building, and escaped the fire of 1194.   We have seen (p. 9) that originally the northern tower stood out in front of the cathedral, and that about 1145, when the southern tower was undertaken, the cathedral was lengthened so that its new front connected the two towers.   But this front was then built on a level with the eastern wall of the towers, and the space between these was occupied by a large porch or narthex designed for penitents and catechumens (such as still exists in the abbey church of Vézelay). Later on, probably after the fire of 1194, in order that the nave might be still further lengthened, the front was moved forward so as to be flush with the western wall of the towers.

The three doors, with their carvings, belong probably to the second third of the twelfth century[1].   Above them are three large

---

5. FAÇADE OCCIDENTALE.

Les deux tours (avec la flèche du clocher sud), le portail et le frontispice jusqu'en haut des trois grandes fenêtres faisaient partie de la cathédrale du 12e siècle, et échappèrent à l'incendie de 1194.   Nous avons vu (p. 9) qu'originairement le clocher nord était en avant de la cathédrale, et que vers 1145 on a entrepris, en bâtissant le clocher sud, de prolonger la cathédrale, en sorte que sa nouvelle façade réunît les deux clochers.   Mais cette façade fut alors placée au ras du mur oriental des clochers, et on combla l'espace laissé vide par un grand porche ou narthex, destiné à recevoir les pénitents et les catéchumènes. (Un porche semblable existe aujourd'hui à l'église abbatiale de Véze-lay.)   Plus tard, probablement après l'incendie de 1194, voulant prolonger encore la nef, on a transporté la façade plus en avant, en alignement avec le mur occidental des clochers.

Les trois portes, avec leurs sculptures, sont du second tiers du 12e siècle[1].   Au-dessus se trouvent trois fenêtres énormes, qui sont à

---

[1] The exact date is still a matter of controversy : M. Lanore, in the above-mentioned article in the *Revue de l'art chrétien*, 1899—1900, puts them between 1145 and 1155, M. Lasteyrie, in his *Études sur la sculpture française*, 1904, about 1160.

Plate 5

5. West Front.
Façade occidentale.

windows, of about the same date. From the pillars between the doors spring two pilasters which separate the three windows, and end (see plate 7) one in the head of an ox, the symbol of the sacrifice of Christ, the other in the head of a lion, the symbol of His resurrection, for in the Middle Ages it was supposed that lion-cubs were born dead and that after three days the lion breathed life into them.

Above the three windows, and separated from them by a string-course, is a magnificent rose-window in a square wall-space; it belongs to the thirteenth century. Above is a gallery and a row of colossal statues (of the same date) and at the top is a pointed gable with a statue of Christ on the apex.

The general aspect of the west front is one of austere and majestic plainness. The decoration of the doors, originally destined to adorn only the narrow space of the narthex, is insufficient, with all its richness, for the width of the present front. In other great cathedrals, the portal occupies the whole width of the front, the side doors being placed in the lowest storey of the towers themselves, so that the west front of Chartres seems in comparison rather bare. Yet this very bareness gives an impression of grandeur.

---

peu près de la même date. Les colonnes entre les portes soutiennent chacune un pilastre, séparant les trois fenêtres. L'un d'eux est ter-miné par une tête de bœuf, symbole du Christ sacrifié; l'autre par une tête de lion, symbole de sa résurrection, car au moyen âge on supposait que les lionceaux naissaient morts, et qu'après trois jours le lion les ressuscitait par son souffle (v. planche 7).

Au-dessus des trois fenêtres, dont elle est séparée par un bandeau, une magnifique rose du 13e siècle est découpée dans un pan de muraille carré. Plus haut encore, il y a une galerie et une série de statues colossales (même date) et le frontispice finit en un pignon triangulaire du 14e siècle, sur le sommet duquel est une statue du Christ.

L'aspect général de la façade est d'une simplicité sévère et majestueuse. La décoration des portes, destinée d'abord à n'orner que l'étroit espace du narthex, ne suffit pas, si riche qu'elle est, à meubler toute la largeur de la façade actuelle. Dans toutes les autres grandes cathédrales, le portail occupe toute la façade, les portes latérales étant percées dans le bas des tours; la nôtre semble par comparaison un peu nue. Cependant, cette nudité même est im-pressionnante.

Plate 6

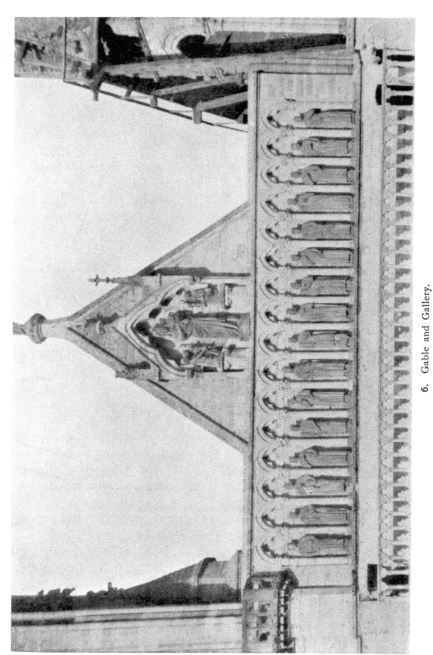

6. Gable and Gallery.

Le pignon et la galerie.

6. Gable and Gallery.

In a niche on the gable is a statue of the Virgin with the Infant Jesus, and on each side a kneeling angel holding a torch. These sculptures, and the statue of Christ on the apex, were erected in 1855 in place of older ones. In the original group the angels held censers of copper and iron, not torches.

Below in an arcade is a row of sixteen statues. They are crowned and sceptred, and represent probably kings of Judah, the ancestors of Christ to whose glory the whole front is devoted[1]. The ninth statue was destroyed in the siege of 1591, and replaced by a new one in 1855.

Below the statues, a gallery with a light balustrade affords a passage from one tower to the other.

[1] Mâle, *L'art religieux du 13ᵉ siècle en France*, p. 200. According to the Abbé Bulteau (*Monographie*, vol. II. pp. 28—30) and others, they are kings of France who were benefactors of the cathedral; the other suggestion seems to us more likely, for the reasons given by M. Mâle.

6. Le Pignon et la Galerie.

Dans une niche placée contre le pignon on voit une statue de la Vierge avec l'Enfant Jésus; de chaque côté, un ange agenouillé tient un flambeau. Ces sculptures, de même que la statue du Christ sur le sommet, ont été refaites en 1855. Dans le groupe originaire, les anges tenaient, non des flambeaux, mais des encensoirs en cuivre et en fer.

Au-dessous, il y a un alignement de seize statues dans des arcades. Tous ces personnages ont une couronne sur la tête, un sceptre à la main; ils représentent probablement des rois de Juda, ancêtres du Christ que la façade entière célèbre[1]. La neuvième statue, détruite en 1591, a été refaite en 1855.

Au-dessous des statues, une galerie avec une gracieuse balustrade sert de communication entre les clochers.

[1] Mâle, *L'art religieux*, p. 200. Selon l'abbé Bulteau (*Monographie*, II. pp. 28—30) et d'autres, ce seraient des rois de France bienfaiteurs de la cathédrale; l'autre supposition nous semble mieux fondée, pour les raisons qu'allègue M. Mâle.

Plate 7

7. Western Rose-window.

Rose occidentale.

7. WESTERN ROSE-WINDOW.

The window belongs to the thirteenth century.   Viollet-le-duc[1] calls
it "a perfect masterpiece."

From a central foliated circle ornamented with tiny quatrefoils,
radiate twelve spokes joined by twelve little round arches; outside
these are twelve smaller foliated circles and between them twelve
quatrefoils; a moulding and a circle of little flowers enclose the
whole.

The window is not placed exactly in the middle of the front but a
little nearer the New Tower.   The square plan of the " New Tower "
is here perceptibly smaller than that of the " Old Tower " and consequently the rose is a little behind the wall of the Old Tower and
a little in front of the wall of the New Tower; it was perhaps to make
this irregularity less noticeable that the rose was set a little to one
side[2].

---

7. ROSE OCCIDENTALE.

Elle est du 13e siècle.   Viollet-le-duc[1] la caractérise de "véritable
chef-d'œuvre."

D'une rosace centrale, ornée de minuscules quatre-feuilles, rayonnent douze petites colonnettes soutenant des arcades cintrées.   En
dehors de celles-ci il y a douze rosaces, moins grandes que celle du
centre, et entre elles douze quatre-feuilles; un rinceau et un cordon
de petits fleurons entourent la rose.

Elle n'est pas placée exactement au milieu du frontispice, mais un
peu plus près au clocher neuf.   Le plan carré du clocher neuf étant à
cet étage sensiblement plus étroit que celui du clocher vieux, il s'ensuit
que le frontispice est ici un peu en arrière du mur du clocher vieux,
un peu en avant de celui du clocher neuf; c'est peut-être pour rendre
moins apparente cette irrégularité qu'on a placé la rose un peu de
côté[2].

[1] *Dict.* VIII. p. 64.   [2] Bulteau, II. p. 25.

8. WEST DOORWAYS.

The three doorways belong to the second third of the twelfth century (see p. 14). Tympana, arches, pillars, capitals, are covered with carvings; it is reckoned that there are more than 700 figures of men and animals, apart from the foliage and other ornaments. Here and there are traces of the colours with which probably all the figures were originally painted. The subject of the tympana and arches is the glorification of Christ; and His life is depicted in a series of little scenes on the capitals. But what strikes us most at the first glance is the row of colossal statues placed against the columns on each side of the doors: out of 24 columns the statues on 19 are left. This statuary is perhaps the most interesting thing at Chartres, and represents the art of the twelfth century at its height; the figures possess, says Ruskin[1], "a dignity and a delicate charm, which are for the most part wanting in later works." Placed against the columns, in motionless attitudes, their arms hanging straight and close to their sides, or crossed on their breasts, they wear a look of pure con-

8. PORTAIL OCCIDENTAL.

Les trois portes occidentales sont du second tiers du 12e siècle (voyez p. 14). Les tympans, les voûtes, les colonnes, les chapiteaux, les colonnettes sont couverts de sculptures; on estime qu'il y a ici plus de sept cents figures d'hommes et d'animaux, sans parler des rinceaux et des autres ornements. Il reste çà et là quelques vestiges des couleurs dont, sans doute, toutes les figures étaient originairement peintes. Les tympans et les voussures ont pour sujet la glorification du Christ; les chapiteaux racontent sa vie dans une série de petits tableaux. Mais ce qui frappe le plus, au premier abord, ce sont les grandes statues placées contre les colonnes de chaque côté des portes; sur 24 colonnes, 19 gardent encore leurs statues.

Cette statuaire est peut-être ce qu'il y a de plus intéressant à Chartres, et représente l'art du 12e siècle dans sa pleine floraison. Les statues "possèdent, dit Ruskin[1], une dignité et un charme délicat qui manquent pour la plupart dans les œuvres postérieures." Adossées aux colonnes dans des attitudes immobiles, les bras droits, serrés aux côtés, ou croisés sur la poitrine, elles regardent devant elles, contem-

[1] *The Two Paths*, 1859, pp. 33—35.

templation. Their disproportionate length is explained to a great extent by their position: intended to adorn lofty columns and yet only to fill a narrow space, they are necessarily slender and long, and this length is diminished to the eye by their being seen from below and not on a level. Moreover, it cannot be doubted that this lack of naturalism, this stiffness of the figures and the draperies, was in great part intentional; the human body is conventionalised into a column, and, as Ruskin remarks, this gives the statues "a strange look of forming part of the very building itself, and of sustaining it." All the life and expression of the statues are concentrated in the heads, which are very noble, and extraordinarily lifelike and individual. They are not types, but look as if they had been sculptured from actual models. It cannot be supposed that the artists who carved these expressive faces could not have carved bodies more naturalistic. As M. Lanore has well said "They could have made them more animated: they preferred to make them more architectural."

Many of these figures have crowns and sceptres, and most are haloed. They are clad in stiff draperies falling in long straight parallel folds, very Byzantine in character, whose severity is not

---

platives. Leur longueur démesurée s'explique en grande partie par leur position: destinées à orner des colonnes hautes et à n'occuper cependant qu'un espace étroit, elles sont par nécessité minces et allongées, et cette longueur est en apparence diminuée par ce qu'elles sont vues d'en bas et non pas de niveau. Du reste, on ne peut douter que ce manque de naturalisme, cette raideur des corps et des draperies, ne soit en grande partie voulue: le corps humain est stylisé en colonne, et comme remarque Ruskin, cela donne aux statues "une étrange apparence de faire partie de l'édifice même, et de le soutenir." Toute la vie, toute l'expression est concentrée dans les têtes, qui sont très nobles, et extraordinaires de réalité. Ce ne sont nullement des types, on les dirait sculptées d'après des modèles vivants. Comment supposer que les créateurs de ces visages si expressifs n'auraient pu tailler des corps plus conformes à la nature! "Ils auraient pu faire plus animé, dit très bien M. Lanore, ils ont voulu faire plus architectural[1]."

Beaucoup de ces personnages portent la couronne et le sceptre; presque tous sont nimbés. Ils sont vêtus de draperies raides, très byzantines, aux longs plis tombant droits et parallèles, dont la sévérité

Plate 8

8. West Doorways.

Portail occidental.

without grace, and the details of their garments and jewels are delicately finished. The statues on the side doorways have over their heads graceful stone canopies representing buildings with turrets and windows (see, for instance, plate 20), and sometimes carved from the same block of stone as the column and statue. The pedestals are richly decorated and very varied.

It is impossible to say with any certainty whom these figures represent. The Abbé Bulteau[1] supposes the crowned statues to be kings and queens who made gifts to the cathedral, and those who are bare-headed, or wear a round cap, to be prophets or saints; he even suggests identifications which are quite unfounded and often absurd. Such a union of contemporary princes with saints and Old Testament prophets seems most improbable. Moreover, the pious benefactors of those days had too much Christian humility to assume such an important position on the cathedral and take a place among the saints; all the figures which are positively known to represent bene-factors on mediaeval cathedrals are small and insignificant and in quite subordinate positions[2]. It is almost certain that we have here

---

n'exclut pas la grâce ; les détails de leurs vêtements, broderies, bijoux, sont rendus avec une délicatesse extrême. Au-dessus des statues des portes latérales sont de jolis dais en pierre (planche 20) représentant des monuments avec tours et fenêtres, et quelquefois taillés dans le même bloc que la colonne et la statue. Les fûts, très variés, sont sculptés avec une grande richesse.

Il est impossible de dire, avec quelque certitude, qui ces personnages représentent. L'abbé Bulteau[1] veut y voir, dans ceux qui portent la couronne, des rois et des reines donateurs, dans ceux qui sont nu-tête ou portent une calotte ronde, des prophètes ou des saints ; il fait même des tentatives d'identification qui sont absolument sans fonde-ment, et souvent absurdes. Ce mélange de personnages contemporains, de prophètes du Vieux Testament, et de saints, semble très peu probable. Du reste, les pieux donateurs avaient trop d'humilité chrétienne pour s'arroger une place si importante sur la cathédrale, et se placer parmi des personnages saints ; toutes les figures qu'on sait avec certitude représenter des bienfaiteurs sur les cathédrales du moyen âge sont petites et insignifiantes, jouant un rôle tout à fait effacé[2]. Il est à peu près certain que nous avons ici des personnages

[1] *Monographie*, II. p. 64. [2] Mâle, *L'art religieux*, p. 386 et seq.

Biblical personages, connected, like all the sculptures of the porch, with the story of Christ. According to the plausible suggestion of Vöge[1], they represent the ancestors of Christ as given in the genealogy in the first chapter of St Matthew. It is known that this genealogy was read in churches on Christmas eve, and that certain mystery-plays began with a procession of the ancestors of Christ, so that this was a familiar theme in the Middle Ages. Vöge would identify the statues of the central doorway (plates 26, 28) with the important personages mentioned in verses 5 and 6, the others being taken at haphazard from the genealogy.

On the door-jambs and the shafts between the statues of the central doorway and those of the right and left doorways, there are smaller figures ; some of these are workmen with their tools, others seem to be saints or prophets. Here also the theory of "donors" seems unsatisfactory: those of the central doorway may be the continuation of the genealogy of Christ.

Nothing is known as to the sculptors of the figures. Vöge thinks that at least four different hands can be distinguished (see his *Anfänge*

---

bibliques, ayant rapport, comme toutes les autres sculptures de la façade, à l'histoire du Christ. Selon la conjecture plausible de M. Vöge[1], ce seraient ses ancêtres d'après la généalogie du premier chapitre de St Matthieu. On sait, en effet, que cette généalogie se lisait dans les églises la veille de Noël, et que quelques mystères commençaient par une procession des ancêtres du Christ, de sorte que ce motif était familier au moyen âge. M. Vöge croit même pouvoir identifier les statues de la porte centrale (v. planches 26, 28) avec les personnages importants cités dans les versets 5 et 6, les autres étant pris plutôt au hasard.

Sur les jambages des portes, et sur les colonnettes qui séparent les statues de la porte centrale d'avec celles des portes latérales, il est d'autres figures plus petites ; quelques-uns sont des artisans avec les instruments de leurs métiers, d'autres semblent être des saints et des prophètes. Ici encore, la théorie de "donateurs" semble insuffisante ; ceux de la porte centrale peuvent être la continuation de la généalogie du Christ.

Nous ne savons rien sur les artistes qui ont sculpté ce portail. Vöge croit y pouvoir distinguer au moins quatre mains (voyez son

---

[1] *Die Anfänge des monumentalen Stiles*, p. 170 et seq.

des monumentalen Stiles for a very interesting discussion of the characteristics of different parts of the porch). According to others they
are not only by different artists but of different dates, the statues of
the right and left doorways being rather older than those of the central
doorway and of the arches of the three doors; some of the statues may
have belonged to other porches of the twelfth century cathedral, and
have been collected here after the fire, when the west front was moved
forward, which would account for the differences in size of the statues[1].

9. LEFT DOORWAY.

On one side of the door are three great statues, on the other only
two remain, of which one is greatly mutilated. The tympanum
represents the Ascension of Christ (see plate 10), the orders of the arch
show the signs of the Zodiac and the labours of the months (plates 11,
12, 13, 14), and the label moulding (restored) is carved with foliage
and pine-cones, with here and there little heads among the scrolls; it
is better shown in plates 11 and 12.

---

livre *Die Anfänge des monumentalen Stiles* pour une très intéressante
discussion des caractères des différentes parties du portail). Selon
d'autres, il n'y a pas seulement une différence de sculpteur mais aussi
de date ; les statues des portes latérales seraient un peu plus anciennes
que celles de la porte centrale et des trois voussures ; quelques-unes
peuvent même avoir appartenu à d'autres portails de la cathédrale du
12ᵉ siècle, et avoir été rassemblées ici après l'incendie, lors du transfert
du portail, ce qui expliquerait les différences de grandeur des statues[1].

9. PORTE LATÉRALE DE GAUCHE.

D'un côté de la porte sont trois grandes statues ; de l'autre, il n'en
reste que deux, dont l'une est très mutilée. Le tympan a pour sujet
l'Ascension du Christ (v. planche 10), la voussure porte le Zodiaque et
les Travaux des Mois (planches 11, 12, 13, 14). L'archivolte a un
joli rinceau (restauré) avec des pommes de pin, renfermant çà et là de
petites têtes ; on le verra mieux sur les planches 11 et 12.

---

[1] Lasteyrie, *La sculpture française*, p. 23, and Fleury, *Les portails imagés du 12ᵉ
siècle*, pp. 252—4.

Plate 9

9. Left Doorway.

Porte laterale de gauche.

10. Left Tympanum.

In the middle of the tympanum Christ stands on a cloud. Over his head (in the first order of the arch) a dove emerges from a cloud; it is scarcely recognizable, the head and wings being lost, but the cruciform nimbus showing that it represents one of the persons of the Trinity is still visible. On each side of Christ is an angel, and below are four angels who point to Christ with one hand and with the other beckon to the earth. On the lintel ten apostles are looking upwards. The signification of this tympanum (as of similar ones at Etampes and Cahors) has been much disputed. Bulteau explains it as an Ascension, and we think rightly. Christ is ascending to heaven on a cloud; two angels accompany Him, and seem to raise the cloud. The four angels below are calling the apostles to witness the miracle, and the apostles watch the ascending Saviour. Thus the tympanum would correspond to that of the right door—one representing the birth of Christ (His descent to earth) the other His Ascension[1].

[1] According to Lefèvre (*Le portail royal d'Etampes* reviewed in the *Revue de l'art chrétien*, 1906) the tympanum represents the Triumph of the Lamb or Glorification of the

---

10. Tympan de Gauche.

Au milieu du tympan le Christ est debout sur un nuage. Au-dessus de sa tête (dans le premier cordon de la voussure) une colombe sort d'un nuage; elle est à peine reconnaissable, la tête et les ailes ayant disparu, mais le nimbe crucifère, qui la désignait comme une des personnes divines, se voit encore. De chaque côté du Christ est un ange. Au-dessous, quatre anges, qui d'une main montrent le Christ, de l'autre font un signe vers la terre. Sur le linteau dix apôtres regardent en haut. La signification de ce tympan, comme d'autres semblables à Etampes et à Cahors, a été fort disputée. L'abbé Bulteau l'explique comme une Ascension, et avec raison, croyons-nous. Le Christ monte dans le ciel sur un nuage, accompagné des deux anges, qui semblent élever le nuage avec eux; les quatre anges appellent les apôtres à être témoins du miracle, et ceux-ci suivent du regard le Sauveur qui s'élève. Ce tympan ferait ainsi pendant à celui de droite: l'un figure la naissance du Christ—sa descente sur la terre—l'autre son Ascension[1].

[1] Selon Lefèvre (*Le portail royal d'Etampes*, notice dans la *Revue de l'art chrétien*, 1906) ce serait le Triomphe de l'Agneau ou la Glorification du Rédempteur, mais alors on aurait

Plate 10

10. Left Tympanum.

Tympan de gauche.

In the arch is a series of charming little scenes representing
the signs of the Zodiac and the labours of the months.   These
calendars are very popular in mediaeval sculpture ; there is another on
the north porch (plates 78 and 79) and a third, less complete, on a
shaft of this front (plate 33).   The going and coming of the seasons was
looked on as an allegory of human life, a symbol of man's immortality.

11.   LEFT SIDE OF THE ARCH—SIGNS OF THE ZODIAC.

Beginning from the bottom, we have in the first order of the arch:
   (1)   April—a man crowned or garlanded holding branches of a
         blossoming tree.

Redeemer. But in that case we should have a repetition of the subject of the central
tympanum, with the omission of the characteristic accompaniments of this subject, the Four
Beasts and the Four-and-Twenty Elders. Others (e.g. Marignan, "Le portail occidental
de Notre Dame de Chartres," in the review *Le moyen âge*, 1898) regard it as a Last Judgment,
since this appears on all the west fronts of the next century. But this tympanum has
nothing whatever in common with the usual representations of the Last Judgment, of which
a typical example will be seen in the central tympanum of the south porch (plate 103) and
whose features are the resurrection of the dead, the weighing of souls, Paradise and Hell.
See Vöge, *Die Anfänge des monumentalen Stiles*, pp. 166—167, Fleury, *Les portails imagés*,
pp. 206—207, and Sanoner, "La Vie de Jésu-Christ sur les portes d'églises" in the *Revue
de l'art chrétien*, 1908.

Sur les voussures on trouve une série de délicieux petits tableaux
représentant les animaux du Zodiaque et les Travaux des Mois.   Ces
calendriers sont très populaires dans la sculpture du moyen âge ; on
en trouvera un autre sur le porche nord (planches 78, 79) et un
troisième, moins complet, sur une colonnette de ce même portail
(planche 33) ; on voyait, dans le passage et le retour des saisons, une
allégorie de la vie humaine, une symbole de l'immortalité.

11.   CÔTÉ GAUCHE DE LA VOÛTE—ZODIAQUE.

A partir d'en bas, on trouve, dans le cordon intérieur :
   (1)   Avril—un homme, couronné, qui tient les branches d'un
         arbre fleuri.

répété le sujet du tympan central tout en omettant les motifs caractéristiques, les Quatre
Animaux et les Vingt-quatre Vieillards. D'autres (entre eux Marignan, "Le portail occidental
de Notre Dame de Chartres" dans la revue *Le moyen âge*, 1898) veulent y voir un Jugement
dernier, qui est figuré sur tous les portails occidentaux du siècle suivant. Mais ce tympan
n'a absolument rien de commun avec les représentations du Jugement dernier, dont on verra
le type sur le tympan central du porche méridional (planche 103) et dont les motifs sont la
résurrection des morts, la pesée des âmes, le Paradis et l'Enfer. Voyez Vöge, *Die Anfänge
des monumentalen Stiles*, pp. 166—167 ; Fleury, *Les portails imagés*, pp. 206—207, et Sanoner,
" La vie de Jésu-Christ sur les portes d'églises " dans la *Revue de l'art chrétien*, 1908.

Plate 11

11. Left side of the Arch : Signs of the Zodiac.
Côté gauche de la voûte : Zodiaque.

(2)   The Ram (with trees behind him).

(3)   May—a horseman holding his horse by the bridle, and having a hawk on his wrist.

(4)   The Bull (behind are trees).

(5)   June—a haymaker.

The sign of the Twins is absent ; there being no room for it here, it was put on the right doorway, where it is quite out of place (see plate 30).

In the second order of the arch:

(1)   July—a reaper (see plate 13).

(2)   The Crab.

(3)   August—a man untying a sheaf of corn to thresh it—the flail hangs behind him.

(4)   The Lion.

(5)   September—a man treading grapes and another emptying a basket of grapes into the vat.

(6)   The sign of the Virgin.

---

(2)   Le Bélier (derrière lui des arbres).

(3)   Mai—un cavalier, tenant la bride d'un cheval, et ayant un faucon au poing.

(4)   Le Taureau (derrière lui sont des arbres).

(5)   Juin—un faneur.

Le signe des Jumeaux manque ici ; n'ayant pas de place, on l'a mis sur la porte de droite, où il n'a aucune raison d'être (planche 30).

Dans le cordon extérieur:

(1)   Juillet—un moissonneur qui coupe le blé avec une faux (v. planche 13).

(2)   Le Cancer.

(3)   Août—un homme qui délie une gerbe de blé qu'il va battre —son fléau est suspendu derrière lui.

(4)   Le Lion.

(5)   Septembre—un vendangeur qui foule le raisin, un autre verse une corbeille de raisin dans la cuve.

(6)   La Vierge.

12. Right side of the Arch—Signs of the Zodiac.

In the first order of the arch :

(1) January—Janus with two heads, cutting bread, with a bowl of wine on the table before him.

(2) The He-goat (see plate 14).

(3) February—an old man with a hood, sitting and warming himself at a fire.

(4) Aquarius (greatly mutilated).

(5) March—a vine-pruner.

Like the Twins, the Fishes are placed on the right doorway (pl. 30).

---

12. Côté droit—Zodiaque.

Dans le cordon intérieur :

(1) Janvier—Janus à deux têtes qui coupe du pain—un gobelet de vin est sur la table devant lui.

(2) Le Bouc (v. planche 14).

(3) Février—un vieillard encapuchonné qui se chauffe, assis devant un feu.

(4) Le Verseau (très mutilé).

(5) Mars—un vigneron qui taille sa vigne.

Comme les Jumeaux, les Poissons manquent ici et se trouvent sur la porte de droite (pl. 30).

In the second order of the arch :

(1) October—a man knocking down acorns to feed pigs (these are usually shown in similar scenes ; compare pl. 79).

(2) The woman's figure that formerly held the Scales.

(3) November—a man slaughtering a pig.

(4) The Scorpion.

(5) December—a man seated at a table and a woman serving him.

(6) The Archer (a centaur).

Dans le cordon extérieur :

(1) Octobre—un homme qui abat des glands pour les porcs (ceux-ci figurent ordinairement dans les scènes semblables ; comparez pl. 79).

(2) Une figure de femme qui tenait autrefois la Balance.

(3) Novembre—un homme qui abat un porc.

(4) Le Scorpion.

(5) Décembre—un homme assis à une table, une femme lui sert à manger.

(6) Le Sagittaire (un centaure).

Plate 12

12. Right side of the Arch: Signs of the Zodiac.

Côté droit de la voûte: Zodiaque.

13. Harvester, representing July.

A charming little picture. The man wears a sort of round cap apparently plaited of straw or rushes; with one hand he holds a handful of cornstalks, which he cuts with his sickle. Behind him are carved two trees, of the same form as all the trees on these doorways—very conventional but not without grace—a round head, showing the separate leaves, on a long stem.

---

13. Moissonneur, représentant Juillet.

Très joli petit tableau. L'homme porte une sorte de bonnet rond, tressé de paille ou de jonc; d'une main il tient une gerbe de blé, de l'autre il la coupe avec une faucille. Derrière lui sont sculptés deux arbres, de la forme très conventionnelle mais non sans grâce qu'ont tous ceux de ce zodiaque; une tête arrondie, montrant des feuilles disposées symétriquement, sur une longue tige.

Plate 13

13. Harvester, representing July.
Moissonneur, représentant Juillet.

14. SIGN OF THE HE-GOAT.

Whereas the Signs of the Zodiac on the north porch (plates 78 and 79) are treated quite simply and conventionally, here the artist, giving free scope to his fancy, has made graceful little pictures of them. This is the most original. The He-goat, shown with a long beard, wings and a serpent's tail, is standing in a spirited attitude, his head thrown back, among shrubs in which he seems partially entangled. Compare the He-goat in the later work on the north porch (see pl. 78), a beast with similar characteristics, but placed baldly in the moulding of the arch, in a commonplace attitude and with no setting ; while here the sculptor has effectively filled the whole space with his graceful design.

---

14. LE BOUC.

Tandis que sur le porche nord (planches 78, 79) les signes du zodiaque sont figurés d'une façon toute conventionelle et sommaire, ici l'artiste a su en faire de petits tableaux ravissants, où son imagination s'est donné carrière. Voici le plus original. Le Bouc, qui a une barbe longue et des ailes et une longue queue de serpent, est debout, dans une attitude pleine d'énergie, la tête en arrière, parmi des arbustes où il semble en partie enchevêtré. Comparez avec celui-ci le Bouc du porche nord (pl. 78), également figuré avec la barbe longue et la queue de serpent, mais qui est tout simplement placé au milieu de la moulure, sans accessoires et dans une attitude banale, tandis qu'ici le sculpteur a entièrement rempli l'espace de son dessin si joli et si réussi.

Plate 14

14. Sign of the He-goat.

Le Bouc.

15. STATUES ON THE LEFT OF THE LEFT DOOR.

These are (1) a king, whose head was broken, and replaced by a woman's belonging to the thirteenth century. He carries a sceptre or long wand and a scroll. (2) a king, with exactly similar draperies, and also holding a sceptre or wand and a book. (3) a queen, shown on a larger scale in plate 16. The heads of all these three statues were broken, probably when the west front was moved forward, but whereas the second and third had their original heads replaced, the first was fitted with a head which did not belong to it[1].

The pedestals of these three statues are the only ones carved with figures (pl. 18), the others have only geometrical ornament.

Note also the statuettes of small seated figures on the door-jamb, the storied capitals (pl. 19) and the very rich carving of the shafts between the large statues (pl. 17).

---

15. STATUES À GAUCHE DE LA PORTE GAUCHE.

Ce sont (1) un roi, auquel on a donné une tête de femme du 13e siècle. Il tient un sceptre ou longue baguette, et un phylactère ; (2) un roi, avec des draperies exactement semblables à celles du premier ; il porte lui aussi le sceptre et un livre ; (3) une reine qu'on verra en plus grand sur la planche suivante. Toutes ces trois statues ont eu la tête brisée, probablement lors du déplacement du portail, mais tandis que la deuxième et la troisième ont eu les têtes originaires simplement remises, la première a été restaurée plus tard et la tête ne s'accorde plus avec le corps[1].

Les piédestaux de ces trois statues sont les seuls qui portent de petites figures (pl. 18), les autres n'ont que des ornements géométriques.

Remarquez aussi les statuettes de petits personnages assis, placées sur le jambage de la porte, les chapiteaux historiés (v. pl. 19) et les sculptures très riches des colonnettes qui sont entre les grandes statues (pl. 17).

[1] Lasteyrie, *Etudes sur la sculpture française*, p. 24.

Plate 15

15. Statues on the left of the left Door.

Statues à gauche de la porte gauche.

16. Statue of a Queen.

She is grave and dignified, although of a rather coarse type of face, with thick lips and broad nostrils—the comely and vulgar face of a serving-maid, says M. Huysmans rather unkindly. She wears a narrow diadem and holds a scroll. She is very richly clad; the embroideries of her bodice and mantle are delicately carved. Her girdle is knotted and falls in two cords, the ends of her long hanging sleeves are also knotted. Her hair, instead of being plaited, is inter-woven with ribbons.

On the right are seen two of the statuettes on the door-jamb, unfortunately lacking heads.

---

16. Statue d'une Reine.

Elle est grave et digne, quoique ayant la figure d'un type un peu grossier, aux grosses lèvres, aux narines larges—la figure (dit M. Huysmans un peu trop durement), "avenante et vulgaire d'une bonne." Elle porte un diadème étroit sur la tête, un phylactère à la main. Elle est très richement vêtue; les broderies de son corsage et de son manteau sont sculptées avec une grande délicatesse. Sa ceinture est nouée et retombe en deux cordons, les bouts de ses manches très largement ouvertes et tombantes sont noués eux aussi. Ses cheveux, au lieu d'être nattés, sont enlacés de rubans.

A droite, on voit deux des statuettes du jambage, malheureuse-ment sans tête.

Plate 16

16. Statue of a Queen.

Statue d'une reine.

17. CARVED SHAFT.

This is the upper part of the shaft between the second and third of the statues. It bears little figures disporting themselves among branches and leaves. (Similar work may be seen on the west door of Lincoln cathedral.) One is amazed at the pains and skill lavished on these exquisite carvings, destined to be half hidden by the statues so that they often remain unnoticed. "The composition of these inter-lacing ornaments" says Viollet-le-duc[1] "is well conceived, without con-fusion, proportioned to the surroundings, as charming as the execution of them is faultless. The little figures climbing among the branches are in harmony, broadly treated, and so blended with the ornament as not to destroy the unity of the general effect."

Note that these shafts must have been put in their places before the large statues were set up. As a matter of fact, all these carvings were done in the workshop before they were put in position[2], for every *motif* begins and ends with its block of stone. At a earlier period (for instance in the church of Vézelay) the stones were carved *in situ*; from now on it was the custom to carve them beforehand.

---

17. COLONNETTE SCULPTÉE.

C'est la partie supérieure de la colonnette qui sépare la deuxième et la troisième statue; elle porte de petites figures qui se jouent parmi des branches et des feuillages (il se trouve des sculptures semblables sur le portail occidental de la cathédrale de Lincoln). On s'étonne du soin, de l'habileté qui ont été prodigués à ces exquis rinceaux, destinés à être en partie cachés par les statues, de sorte que souvent ils passent inaperçus. "Si la composition de ces entrelacs, dit Viollet-le-duc[1], est charmante, bien entendue, sans confusion, à l'échelle de tout ce qui se trouve à l'entour, l'exécution en est parfaite. Les petits personnages qui grimpent dans les rinceaux sont dans le mouvement, largement traités, s'arrangent avec l'ornementation de manière à ne pas détruire l'unité de l'effet général."

Notez que ces colonnettes ont dû être posées avant les grandes statues; en effet, toutes ces sculptures ont été faites dans l'atelier, avant la pose[2]; chaque motif commence et finit avec le bloc de pierre. Auparavant (par exemple à Vézelay) on sculptait les pierres "sur le tas"; après, c'est l'usage de sculpter avant la pose.

[1] *Dictionnaire d'Architecture*, VIII. p. 108.
[2] Vöge, *Die Anfänge des monumentalen Stiles.*

Plate 17

17. Carved shaft.

Colonnette sculptée.

18. Pedestals of the Statues.

As we have said, these pedestals are the only ones carved with figures, and the signification of these is not known. They are (1) a very mutilated figure of a man round whose body are coiled two serpents; (2) a queen whose hair is woven in two long plaits; her left hand fingers one of the plaits and her right grasps the tail of a dragon on which she stands; (3) a group of singular animals a good deal mutilated: in the middle is a large ape, on his chest a toad; on each side is a dragon stretching his head out towards the toad; and under the ape's feet are a dog and a basilisk.

Note the charming and simple ornament of the bases, which is the same on all three doors—a series of ovals pierced with little holes. There is a very similar ornament at Etampes, and (according to Durand[1]) at St Germain des Prés.

18. Piédestaux des Statues.

Comme nous l'avons dit, ces piédestaux sont les seuls qui portent des figures, et la signification de celles-ci nous échappe tout à fait. C'est d'abord une figure très mutilée d'un homme qui semble enlacé par deux serpents : (2) une reine dont les cheveux sont tressés en deux longues nattes; sa main gauche tient une de ces nattes, sa droite, la queue d'un serpent qui est sous ses pieds; (3) une groupe de singulières créatures assez mutilées : au milieu est une sorte de gros singe, sur sa poitrine un crapaud, de chaque côté une espèce de dragon qui tend la tête vers le crapaud, et sous les pieds du singe un chien et un basilic.

Notez le joli ornement très simple du soubassement, qui est le même pour les trois portes : une série de motifs ovales percés de petits trous. On le retrouve à Etampes et (selon Durand[1]) à St Germain des Prés à Paris.

[1] *Monographie*, p. 61.

Plate 18

18. Pedestals of the statues.

Piédestaux des statues.

19.   Capitals on the left of the Left Door.

The capitals of the western doorways present an extraordinary wealth of carving.   While those of the north and south porches, like most of the Gothic period, are only ornamented with foliage, these are most elaborately carved with little scenes which form a sort of frieze representing episodes from the Gospels.   Until the twelfth century we never find scenes from the life of Christ in sculpture[1].   Even in the twelfth century there are usually only isolated incidents, but occasionally, as here, we find a long series of carvings depicting not only the life of Christ but also that of the Virgin.   It must be observed that while the childhood and the Passion of Christ (except the Crucifixion itself) are fully given, the intervening part of His life is entirely absent; there is nothing between the Temptation and the bargain of Judas.   The reason is that the artists followed not so much the Scriptures as the liturgy, and only carved the events which are represented in the church calendar.

The story begins on the left of the central door, continues towards

19.   Chapiteaux à gauche de la Porte Gauche.

Les chapiteaux des portes occidentales nous offrent un luxe de sculptures vraiment extraordinaire.   Tandis que ceux des porches septentrional et méridional, comme presque tous ceux qui appartiennent à l'époque gothique, ne sont ornés que de feuillages, ceux-ci sont sculptés d'une série de scènes, minuscules mais travaillées fort délicatement, qui forment comme une frise représentant des épisodes de l'évangile.   Avant le 12e siècle, on ne trouve nulle part sculptées des scènes de la vie de Jésus[1].   Au 12e siècle même il n'y a pour la plupart que des épisodes isolées, mais plus rarement on trouve, comme ici, une longue série de scènes reproduisant non seulement la vie de Jésus mais aussi celle de la Vierge.   Il est à noter que, tandis que l'enfance et la Passion du Christ (sauf le Crucifiement même) sont racontées en détail, la partie intermédiaire de sa vie fait défaut; entre la Tentation et le pacte de Judas, il n'y a rien.   C'est qu'on suivait moins les Ecritures que les offices de l'Eglise, et ne sculptait que les épisodes qui figurent dans le calendrier liturgique.

L'histoire commence sur les chapiteaux à gauche de la porte

[1] Sanoner, "La Vie de Jésu-Christ" in *Revue de l'art chrétien*, 1905.

Plate 19

19. Capitals on the left of the left Door.

Chapiteaux à gauche de la porte gauche.

the left to the last capital of the left doorway; begins again on the right
of the central door and continues to the last capital of the right doorway.
Its sources are not only the New Testament, but the Apocryphal
Gospels so popular in the Middle Ages; from the latter is taken the
story of Joachim and Anna.

We have here, on the right, the flight into Egypt. Mary is riding
on the ass, carrying the Child in her arms; Joseph leads the ass by
the bridle, and carries over his shoulder a bundle slung from a stick.
Next comes the Massacre of the Innocents. One mother is seen
clasping and kissing her child, and from others soldiers are tearing
their little ones; bodies of children lie headless. In the midst
of the massacre sits King Herod on his throne, his drawn sword in his
hand, as if directing the cruel deeds. The figures of the last capitals
are almost entirely defaced.

20. STATUES ON THE RIGHT OF THE LEFT DOOR.

(1) A saint or prophet, holding an open book. On his head is
the curious round ribbed cap frequently seen on statues of the twelfth
century. It is given to Old Testament figures; Joseph wears it in the

---

centrale, continue vers la gauche jusqu'au dernier chapiteau de la
porte gauche, puis reprend à droite de la porte centrale, et continue
jusqu'au dernier de la porte droite. Elle est tirée non seulement du
Nouveau Testament, mais aussi des évangiles apocryphes, très goûtées
au moyen âge, d'où elle prend l'histoire de Joachim et d'Anne.

Ici, c'est d'abord à droite la fuite en Egypte. Marie, montée sur
l'âne, porte l'Enfant dans ses bras. Joseph mène l'âne à la bride, et
porte sur l'épaule un paquet suspendu à un bâton. Ensuite, c'est le
massacre des Innocents. On y voit une mère qui étreint et embrasse
son enfant, d'autres mères auxquelles des soldats arrachent leurs
petits, des cadavres d'enfants décapités. Au milieu du massacre, le
roi Hérode est assis sur son trône, une épée nue à la main, et semble
présider à cette scène barbare. Les figures des derniers chapiteaux
sont très mutilées.

20. STATUES À DROITE DE LA PORTE GAUCHE.

(1) Un saint ou prophète, tenant un livre ouvert. Sur la tête il
porte la curieuse calotte "à côtes de melon," qu'on voit très fréquemment sur les statues du 12ᵉ siècle. Elle est attribuée aux personnages

Plate 20

20. Statues on the right of the left Door.

Statues à droite de la porte gauche.

scene of the Nativity (right lintel, pl. 30) and so do several of the relations of Jesus in the scene of the Presentation in the Temple. It was probably the headdress of the Jews in the Middle Ages.

(2) A much mutilated figure, standing on a dragon.

The plain columns take the places of statues which have disappeared.

21. Capitals on the right of the Left Door.

The subjects, beginning from the right, are :

(1) The meeting of Mary and Elizabeth.

(2) The Nativity. Joseph is sitting in an armchair. Behind the bed of Mary stand the two midwives mentioned in the Apocryphal Gospel " De nativitate Mariae et Salvatoris[1]."

(3) Angels announce the birth of Jesus to the shepherds (greatly defaced).

[1] For the treatment of the subjects of all these capitals, compare the very interesting series of articles by M. Sanoner in the *Revue de l'art chrétien*, 1905—1908, on " La vie de Jésu-Christ racontée par les imagiers du moyen âge sur les portes d'églises."

---

de l'ancien Testament ; Joseph la porte dans la scène de la Nativité (linteau de la porte de droite, pl. 30) et aussi plusieurs des parents de Jésus, sur le second linteau de la même porte. C'était probablement la coiffure des Juifs au moyen âge.

(2) Une figure très mutilée, qui foule un dragon. Les colonnes nues en ont remplacé d'autres dont les statues avaient été brisées.

21. Chapiteaux à droite de la Porte Gauche.

Les sujets de ces chapiteaux, à partir de droite, sont :

(1) La visite à Elisabeth.

(2) La Nativité. Joseph est assis dans un fauteuil ; derrière le lit de Marie se tiennent les deux sages-femmes dont parle l'évangile apocryphe " De nativitate Mariae et Salvatoris[1]."

(3) Les anges annoncent aux bergers la naissance de Jésus (très mutilé).

[1] Pour la manière de représenter tous ces sujets, voyez la très intéressante série d'articles dans la *Revue de l'art chrétien*, 1905—1908, par M. Sanoner, "La vie de Jésu-Christ racontée par les imagiers du moyen âge sur les portes d'églises."

Plate 21

21. Capitals on the right of the left Door.
Chapiteaux à droite de la porte gauche.

(4) The Wise Men before Herod. Herod is on his throne. Beside him are two scribes (in allusion to Herod's consultation). The Magi are standing with staff in hand; the heads of their horses are visible.

(5) The Adoration of the Magi (the adoration of the shepherds, strangely enough, is never shown). Each carries his offering; the two foremost kneel before the Child, who is on His mother's knee.

22. CENTRAL DOORWAY.

From the fourth century, this doorway of a church had the name of "royal" or "triumphal" because it represented Christ as King of Kings. He is here seen on the tympanum (plate 23). On each side of the door are four statues. On the shafts separating them from the statues of the side doorways are rows of little figures similar to those on the door-jambs (one is shown in plate 27).

Note in this photograph the string-course above the doorways, with corbels beneath it representing heads of men and animals.

---

(4) Les trois Mages devant Hérode. Il est assis sur son trône ; à côté de lui, deux docteurs assis rappellent la consultation du roi avec les scribes ; les trois Mages se tiennent debout, le bâton à la main, et on voit les têtes de leurs chevaux à côté.

(5) L'adoration des Mages (celle des bergers, chose assez singulière, n'est jamais représentée). Ils ont chacun leurs offrandes à la main. Les deux premiers ploient les genoux devant l'Enfant qui est sur le sein de sa mère.

22. PORTE CENTRALE.

Cette porte avait dans les églises, depuis le IVe siècle, le nom de "porte royale" ou "porte triomphale" parce qu'elle représentait toujours le Christ comme "roi des rois." On le voit ici sur le tympan (v. planche 23). De chaque côté de la porte, il y a quatre grandes statues. Sur les colonnettes qui séparent les statues de la porte centrale de celles des portes latérales, il y a des rangs de petites statuettes pareilles à celles des jambages (on en verra sur la planche 27).

Notez sur cette planche le bandeau qui est au-dessus des portes —une tablette saillante portée par des corbeaux à têtes d'hommes et d'animaux.

Plate 22

22. Central Door.

Porte centrale.

23. CENTRAL TYMPANUM.

This is a " Majestas Domini " or Glorification of Christ, who said
" I am the Door."   In the centre of the tympanum is Christ, with the
Dove of the Spirit over His head ; He is surrounded by the symbols
of the evangelists : on the left the angel of St Matthew and the
winged lion of St Mark, on the right the eagle of St John and the
winged bull of St Luke.   The waved band enclosing the group
represents clouds.   On the lintel are the twelve Apostles arranged in
groups of three : there is another unknown figure on each side.   In
the first order of the arch are twelve angels, and in the two other
orders the twenty-four elders, each holding a mediaeval instrument of
music.   (These instruments are very curious ; those interested in such
things will find some of them on plate 76 of Willemin's *Monuments
français*, 1839.)   At the top of the third order, two angels hold a crown
over the head of Christ.   There are faint traces of colour in the
tympanum ; Durand[1] in 1881 could perceive, near the border of
clouds, parallel bands of colour representing the rainbow (Rev. iv. 3)
surrounding the throne of God.

---

23. TYMPAN DE LA PORTE CENTRALE.

C'est une " Majestas Domini," la glorification du Christ, qui a dit
"Je suis la porte."   Au milieu du tympan est le Christ ; la colombe
descend sur sa tête.   Il est entouré des symboles des quatre évangé-
listes : à gauche l'ange de S. Matthieu, le lion ailé de S. Marc, à
droite l'aigle de S. Jean et le bœuf ailé de S. Luc.   La bande ondulée
qui encadre ce groupe représente des nuages.   Sur le linteau, les
douze Apôtres nu-pieds sont disposés par groupes de trois : une autre
figure, inconnue, est à droite et à gauche des apôtres.   Dans le
premier cordon de la voussure, il y a douze anges, et dans les deux
autres cordons, les vingt-quatre Vieillards de l'Apocalypse, chacun
tenant un instrument de musique du moyen âge.   (Ces instruments
sont très intéressants : ceux qui en sont curieux en trouveront quelques-
uns dessinés sur la planche 76 des *Monuments français* de Willemin,
1839.)   Au milieu, tout en haut, dans le troisième cordon, deux anges
tiennent une couronne au-dessus de la tête du Christ.   Il reste, dans
le tympan, des traces de couleur à peine visibles ; en 1881 Durand[1]
pouvait apercevoir des bandes parallèles figurant l'arc-en-ciel qui
entoure (Apoc. iv. 3) le trône de Dieu.

[1] *Monographie*, p. 43.

Plate 23

23. Central Tympanum.

Tympan de la porte centrale.

24. STATUE OF CHRIST.

The figure of Christ is surrounded by an elliptical glory—or as it is frequently called a " vesica piscis." He is seated, His bare feet resting on a footstool (the earth). His right hand is raised in blessing, the left holds a book. Behind His head is the cruciform nimbus which is the attribute of the three persons of the Trinity ; above, the dove is descending. The arrangement of the draperies is very fine ; quite conventional where they fall over the arm, they take everywhere else the folds natural to the position of the body. It is interesting to compare with this statue the one on the south door of the cathedral of Le Mans ; the features are entirely different, but the draperies of the statue of Le Mans look as if they had been copied fold by fold from these.

24. STATUE DU CHRIST.

La figure du Christ est entouré d'une auréole elliptique—qu'on appelle quelquefois une " vesica piscis," ou " amande mystique." Il est assis, les pieds nus sur un escabeau (la terre). La main droite est levée pour donner la bénédiction, la gauche tient un livre. Derrière la tête est le nimbe crucifère, attribut des trois personnes divines ; au-dessus, la colombe. La disposition des draperies est très belle : conventionnelles là où elles tombent sur les bras, mais suivant ailleurs les lignes du corps. Il est intéressant de comparer avec cette statue celle qui est sur la porte sud de la cathédrale du Mans ; les traits du visage sont entièrement différents, mais on dirait que les draperies de la statue du Mans ont été copiées, pli par pli, sur celle-ci.

Plate 24

24. Statue of Christ.
Statue du Christ.

25. HEAD OF CHRIST.

As throughout the Middle Ages, Christ is represented as a man in the prime of life. The face is oval, the eyes are cut deep to imitate the iris. The expression is serious and a little melancholy, even severe. This is, says M. Huysmans[1], "the most living, the most haunting image of Christ that exists." Compare with this fine head the one on the pillar of the central door of the south porch (plate 109) which is more gentle and less strong.

26. STATUES ON THE LEFT OF THE CENTRAL DOOR.

(1) A queen with crown and halo: the veil round her head gives her something of the air of a nun; her long hair is plaited; she holds an open book. This is decidedly one of the most remarkable statues of the porch; the pose of the arms, the arrangement of the draperies deserve particular attention (see plate 27).

(2) A queen, crowned and haloed, with a wilful and petulant expression; her hair is in two long plaits; she wears a closely-fitting

---

25. TÊTE DU CHRIST.

Comme dans tout le moyen age, il est représenté comme un homme dans la force de l'âge. La figure est longue et ovale; les yeux sont creusés pour indiquer l'iris. L'expression est sérieuse et un peu triste, sévère même. C'est, dit M. Huysmans[1], "le plus vivant, le plus obsédant qui soit des Christ[2]." Comparez à cette belle tête celle du Christ sur le trumeau de la porte centrale du sud (planche 109), qui est plus douce et plus faible.

26. STATUES À GAUCHE DE LA PORTE CENTRALE.

(1) Une reine, couronnée et nimbée; le voile dont sa tête est enveloppée lui donne un air de religieuse; ses longs cheveux sont nattés; elle tient un livre ouvert. C'est décidément une des plus remarquables statues de cette façade: la pose des bras, la disposition des draperies méritent une attention toute particulière (v. planche 27).

(2) Une reine couronnée et nimbée, à l'expression volontaire et pétulante; ses cheveux sont tressés en deux longues nattes; elle

[1] *La Cathédrale.*

Plate 25

25. Head of Christ.

Tête du Christ.

robe, that falls in long straight stiff folds, and with very wide sleeves;
she is holding a book.

(3)   A saint, with a round Jewish cap on his head.

(4)   A saint, bare-headed, holding a scroll.

Viollet-le-duc takes the head of this statue as text for his remarks
on the type of face of the statues on these doors[1], which he considers
to be "a true type of the ancient Gaul."   It has, he says, "a mingling
of firmness, of dignity, of shrewdness, even a little levity and vanity
in the arched eyebrows, but also intelligence, and coolness in time of
peril."   Compare with it the head on pl. 37, which is extremely
like it.

According to the conjecture of Vöge (see p. 25) these four are the
ancestors of Christ mentioned in Matthew i. 5 : Rachab (Salmon
having disappeared from the next pillar), Ruth, Booz, Obed.

Observe the ornaments of the pedestals, which are all different, and
the exquisite carving of the shafts.

The capitals relate the story of the Virgin according to an Apocryphal Gospel.   Beginning at the right we have:

---

porte un vêtement ajusté qui se termine en longs plis droits et raides,
aux manches très larges : elle tient un livre.

(3)   Un saint coiffé d'une calotte juive.

(4)   Un saint, nu-tête, tenant un phylactère.   La tête de cette
statue est celle que prend Viollet-le-duc pour texte de ses remarques
sur le type de visage qu'offrent nos statues[1], et qu'il juge être "un vrai
type du vieux Gaulois."   Elle a, dit-il, "un mélange de fermeté, de
grandeur et de finesse, voire d'un peu de légèreté et de vanité dans
ces sourcils relevés, mais aussi l'intelligence et le sang-froid au moment
du péril."   Comparez avec celle-ci la tête de la planche 37, qui lui
ressemble beaucoup.

Selon la conjecture de Vöge (voyez p. 25), ce serait les ancêtres
dont il est question dans Matthieu i. 5 : Rahab (Salmon ayant
disparu de la colonne suivante), Ruth, Boaz, Obed.

Notez les ornements des piédestaux, tous différents, et les sculptures
exquises des colonnettes.

Les chapiteaux racontent l'histoire de la Sainte Vierge, d'après
un évangile apocryphe.   A partir de droite, nous avons:

---

[1] *Dict. d'Architecture*, VIII. p. 117.

Plate 26

26. Statues on the left of the central Door.
Statues à gauche de la porte centrale.

(1)   Joachim and Anna, father and mother of the Virgin, come to the temple to present their offerings, which the high priest rejects because they are childless and therefore accursed.

(2)   They go out, ashamed and distressed.

(3)   Joachim is keeping his flocks in the desert ; an angel appears to him and predicts the birth of Mary.

(4)   The meeting of Joachim and Anna.

(5)   Birth of Mary.

27.   HEAD OF A QUEEN.

Although a good deal weather-worn, this charming face retains its mild and pensive beauty, its dignified grace.

On the left is seen one of the little figures on the shaft, a musician playing the viol.   In spite of its odd anatomy, this figure is extraordinarily living : the rather ugly features, the prominent eyes, the strongly arched eyebrows, the hollow cheeks, seem drawn from life.

---

(1)   Joachim et Anne, père et mère de la Vierge, viennent dans le temple présenter leurs offrandes, que le grand prêtre rejette parcequ'ils n'ont pas d'enfants, et sont maudits.

(2)   Ils se retirent avec honte et douleur.

(3)   Joachim garde ses troupeaux dans le désert : un ange lui apparaît, et prédit la naissance de Marie.

(4)   Réunion de Joachim et d'Anne.

(5)   Naissance de Marie.

27.   TÊTE D'UNE REINE.

Cette charmante figure, quoique un peu endommagée par le temps, garde son caractère de beauté si douce et si pensive, sa grâce si digne.

A gauche, on voit une des petites figures placées contre la colonnette ; c'est un musicien qui joue de la viole.   Malgré son anatomie bizarre, c'est une figure extraordinairement vivante ; les yeux saillants, les sourcils très arqués, les joues creuses, tous ses traits plutôt laids sont pris sur le vif.

Plate 27

27. Head of a Queen.

Tête d'une reine.

28. STATUES ON THE RIGHT OF THE CENTRAL DOOR.

(1)   A saint holding a book.

(2)   A king, with a halo, holding a book.

(3)   A queen, with a halo, very beautiful, with a sweet and smiling face, and an expression, to quote Viollet-le-duc, of "bonhomie malicieuse." Her right hand held a sceptre, of which nothing remains but the ornament on the top.   Ruskin[1] remarks that the sculptor, to suggest beautiful black eyes, has cut the iris deep into the stone. Viollet-le-duc takes this head as the female type of ancient Gaul, as the man on plate 26 is the male type.

(4)   A king, with a halo, holding a scroll.

These are, according to Vöge, Jesse, David, Bathsheba and Solomon (Matthew i. 6).

The capitals, beginning at the left, represent the birth of Jesus, the circumcision, the presentation in the temple, the visit to Jerusalem; these scenes are a good deal defaced and hard to distinguish.   Next is the Baptism (above the queen's statue); the waters of Jordan are as usual quaintly shown in a little heap round the figure of Christ.

---

28. STATUES À DROITE DE LA PORTE CENTRALE.

(1)   Un saint tenant un livre.

(2)   Un roi, nimbé, tenant un livre.

(3)   Une reine, nimbée, très belle, à la figure souriante et douce, avec une expression, dit Viollet-le-duc, de " bonhomie malicieuse." La main gauche tenait un sceptre dont il ne reste que l'ornement terminal.   Ruskin[1] remarque qu'on a voulu indiquer de beaux yeux noirs, en creusant profondément l'iris.   Cette tête est pour Viollet-le-duc le type féminin de l'ancienne Gaule, comme l'homme de la planche 26 en est le type masculin.

(4)   Un roi nimbé, tenant une banderole.

Ce sont, selon Vöge, Jessé, David, Bethsabé, Salomon (Matthieu i. 6).

Les chapiteaux, à partir de gauche, figurent l'enfance de Jésus, la Circoncision, la Présentation dans le temple, la visite à Jérusalem ; ces scènes sont assez mutilées et difficiles à reconnaître.   Puis c'est le Baptême (au-dessus de la statue d'une reine) ; les eaux du Jourdain, comme à l'ordinaire, montent bizarrement dans une sorte de monticule

[1] *The Two Paths.*

Plate 28

28. Statues on the right of the central door.

Statues à droite de la porte centrale.

The Temptation follows, then Judas selling his master, and finally, easily distinguishable, the Last Supper.   Judas as usual is apart from the other apostles ; he kneels before the table.

29.   RIGHT DOORWAY.

The right doorway is devoted to the glorification of the Virgin. The tympanum (plate 30) depicts scenes from her life.   In the arch a series of figures represents the liberal arts.   It was said in the Middle Ages that the Virgin was an adept in all these arts: so affirms Albertus Magnus in his " Mariale " (13th century).   For that reason we commonly find her statue surrounded by these allegorical representations of the arts, as for instance at Laon, Sens, Auxerre and elsewhere.

On each side of the door are three statues.

---

autour du Christ.   Ensuite, c'est la Tentation, le pacte de Judas, et enfin, facile à distinguer, la Cène ; Judas, comme toujours, est isolé des autres disciples, étant agenouillé devant la table.

29.   PORTE LATÉRALE DE DROITE.

La porte droite est consacrée à la glorification de la Sainte Vierge. Le tympan (v. planche 30) dépeint quelques scènes de sa vie.   Sur la voussure, une série de tableaux représente les sept arts libéraux.   On disait au moyen âge que la Vierge était habile dans tous ces arts ; c'est ce qu'affirme Albert le Grand dans son Mariale (XIIIe siècle). C'est pourquoi on trouve sa statue communément entourée de ces représentations allégoriques des arts, telle qu'à Laon, Sens, Auxerre et ailleurs encore.

De chaque côté de la porte sont trois statues.

Plate 29

29. Right Door.

Porte latérale de droite.

30. RIGHT TYMPANUM.

On the lower lintel, to the left, is the Annunciation; Gabriel and Mary are standing, and on the ground between them lies an open book. Next comes the meeting of Mary and Elizabeth; Mary, very unusually, is shown with a royal crown. In the middle of the lintel is the Nativity. Mary lies on a bed, Joseph stands at the head; the manger with the Infant Jesus is over the bed, and there are traces of the heads of the ox and ass. Further to the right, an angel (his head and one wing are missing) tells the good tidings to the shepherds, one of whom is playing on Pan-pipes; their dog is seen at their feet, and their sheep feeding. On the upper lintel is the Presentation in the Temple; on each side, the kinsfolk, men and women, bring offerings of doves; the Child stands on an altar in the middle, Simeon holding him. In the tympanum Mary is seated with the Child in her lap: on each side is an angel censing. This statue of the Virgin is probably the one which archdeacon Richer gave to the cathedral in 1150. It had originally, as at Reims, a canopy supported on columns, of which only a fragment of the base remains.

---

30. TYMPAN DE DROITE.

Le linteau montre, à gauche, l'Annonciation; Marie et Gabriel sont debout, un livre ouvert est sur la terre entre eux. Puis c'est la rencontre de Marie et d'Elisabeth; Marie porte la couronne royale, ce qui est rare. Au milieu du linteau, c'est la Nativité. Marie est dans son lit, Joseph est debout au chevet; la crèche avec l'Enfant Jésus se trouve au-dessus du lit de Marie, et il reste des vestiges du bœuf et de l'âne. A droite, un ange (la tête et une aile ont disparu) annonce la bonne nouvelle aux bergers, dont l'un joue d'une flûte de Pan. On voit leur chien et leurs brebis qui paissent à leurs pieds. Au second linteau, c'est la Présentation dans le temple; de chaque côté, les parents, hommes et femmes, apportent des offrandes de tourterelles; l'Enfant est sur un autel au milieu, et Siméon le tient. Dans le tympan, Marie est assis, l'Enfant dans son giron; de chaque côté un ange l'encense. Cette statue de la Vierge est probablement celle qui fut donnée, selon les documents, par l'archidiacre Richer en 1150. Elle était autrefois (comme la Vierge de Reims) abritée d'un dais soutenu par des colonnes, dont il reste un fragment.

Plate 30

30. Right Tympanum.

Tympan de droite.

At the bottom of the first order of the arch, on the left, are the Fishes (behind them are two trees) and over them the Twins, which were omitted from the signs of the Zodiac on the left doorway. Next are six angels. The other scenes of the arch represent the Seven Arts, each in the guise of a woman, as they were described first by Martianus Capella in the 5th century, and after him by many other mediaeval writers[1]. Besides the symbolical figure of a woman, there is for each art the statuette of a man who was its inventor or teacher. Each man has a desk on his knee, and behind, a rack with pens and sponge hangs on the wall. The Arts can be identified with some degree of certainty from contemporary description; the identity of the men is more conjectural.

(1) To the right, at the bottom of the first order, Music (see plate 31), and Pythagoras, to whom mediaeval tradition ascribed the discovery of the laws of music.

En bas de la voussure, à gauche, on retrouve les Poissons (derrière eux sont sculptés deux arbres) et les Jumeaux, omis du Zodiaque de la porte gauche.—Ensuite, dans le cordon intérieur, il y a six anges. Les autres tableaux de la voussure représentent les Sept Arts, chacun sous la figure d'une femme, comme ils ont été décrits d'abord par Martianus Capella au 5e siècle[1], et par plusieurs autres écrivains du moyen âge. Outre les femmes symboliques, il y a pour chaque art un homme qui en était l'inventeur ou qui le professait ; ces hommes ont un pupitre sur les genoux, et derrière chacun, un râtelier contenant des plumes et des éponges est suspendu au mur. On peut identifier les arts avec quelque certitude d'après des descriptions contemporaines ; l'identité des hommes est plus conjecturale. Ce serait :

(1) À droite, en bas du cordon intérieur, la Musique (v. planche 31) et Pythagore, à qui la tradition du moyen âge attribuait la découverte des lois de la musique.

Dans le cordon extérieur, à partir d'en bas à gauche :

---

[1] Mâle, *L'art religieux*, pp. 105—108.

(2) In the second order, beginning from the left, Dialectic, carrying a scorpion (she usually has a serpent, the emblem of subtlety), and Aristotle, who was especially studied in the schools of Chartres which were very famous in the 12th century.

(3) Rhetoric, her hand raised in an oratorical gesture, and Cicero.

(4) Geometry, holding a broken instrument, probably a compass, and Euclid.

(5) Arithmetic. In most mediaeval books, Pythagoras is mentioned as the inventor of arithmetic; or it might be Boethius who is here represented, as he was a favourite author in the schools of Chartres.

(6) Astronomy, looking at the sky, and Ptolemy.

(7) Grammar, holding a rod, with two scholars at her feet; the man might be either Priscian or Donatus, both revered in the Middle Ages and studied in the schools of Chartres.

---

(2) La Dialectique, qui porte un scorpion (ordinairement un serpent, symbole de la subtilité) et Aristote qui était plus spécialement étudié dans les écoles de Chartres, très célèbres au 12e siècle.

(3) La Rhétorique, qui lève la main dans un geste oratoire, et Cicéron.

(4) La Géométrie, tenant un instrument brisé, probablement un compas, et Euclide.

(5) L'Arithmétique. Dans la plupart des livres du moyen âge, on cite Pythagore comme inventeur de l'arithmétique; ce pourrait aussi être Boèce, qui était particulièrement étudié dans les écoles de Chartres.

(6) L'Astronomie qui regarde les cieux, et Ptolémée.

(7) La Grammaire, tenant une férule, deux élèves à ses pieds; l'homme pourrait être Priscien ou Donat, tous deux vénérés au moyen âge, et étudiés dans les écoles de Chartres.

31. MUSIC.

Music is striking with a hammer three bells hanging above her; on her knees is a harp, and viols and rebecs are hanging on the walls. It is rather surprising to find Music drawn with features so lacking in spirituality. But the attitude is full of life and energy; the hand raised to strike the bell, the foot planted so firmly, are absolutely natural and graceful.

32. CAPITALS ON THE LEFT OF THE RIGHT DOOR.

The episodes of the sacrifice of Christ are never found in sculpture before the 12th century; even then they are rare, and the Crucifixion itself is hardly ever shown[1], but, as here, the Entombment directly follows on the taking of Jesus. These scenes are not in proper order; we take them as they come on the capitals:

(1) (See plate 33) Jesus heals the ear of Malchus, which Peter had cut off.

[1] We can only recall one example, at Daglingworth, Gloucestershire.

---

31. LA MUSIQUE.

Elle frappe d'un marteau trois cloches qui sont au-dessus d'elle; sur ses genoux elle a une harpe; des violes, des rebecs sont suspendus au mur. On s'étonne de voir prêter à la Musique des traits si peu spirituels. Mais dans l'attitude, quelle vie, quelle énergie! la main levée pour frapper la cloche, le pied posé si fermement, sont d'un naturel plein d'aisance et de grâce.

32. CHAPITEAUX À GAUCHE DE LA PORTE DROITE.

Les scènes du sacrifice du Christ ne se trouvent sculptées nulle part avant le 12e siècle; au 12e siècle même elles sont toujours rares, et la Passion elle-même n'est presque jamais représentée[1]; comme ici, la mise au tombeau suit directement l'arrestation de Jésus. Ici les épisodes ne sont pas dans leur ordre; nous les prendrons comme ils sont donnés sur les chapiteaux.

(1) (v. pl. 33) Jésus guérit l'oreille de Malchus, que Pierre avait coupée.

[1] Nous n'en connaissons qu'un seul exemple, à Daglingworth, dans le Gloucestershire.

Plate 31

31. Music.
La Musique.

(2)   The Taking of Jesus ; Judas betrays the Saviour by a kiss, a man leads Christ away.

(3)   The Entry into Jerusalem.   Jesus rides on the ass, and, rather oddly, himself carries a palm ; several disciples follow with palms in their hands, another spreads his garment before the ass's feet; children have climbed into trees to see Him.

(4)   The Entombment ; four disciples (two of them doubtless meant for Nicodemus and Joseph of Arimathea) are holding the body, wrapped in linen, and are about to place it in a kind of sarcophagus.   This scene, according to M. Sanoner, is very rare before the 14th century, though the taking down from the cross, not represented here, is frequently treated.

(5)   (See plate 33.)   The Resurrection.   The two Marys and Salome, bringing their offerings of spices, approach the tomb ; the angel speaks to them.   Three soldiers, who for want of space are made disproportionately small, are asleep under the tomb.   A pretty and uncommon detail is the lamp hanging above the tomb.

---

(2)   Judas trahit son maître par un baiser ; un homme emmène le Christ.

(3)   L'entrée dans Jérusalem.   Jésus est monté sur l'âne, et porte lui-même, assez bizarrement, une palme ; plusieurs disciples le suivent, des palmes à la main ; un autre étend son vêtement devant les pieds de l'âne.   Des enfants ont grimpé aux arbres pour mieux voir.

(4)   Le corps de Jésus est mis au tombeau ; quatre disciples (dont, sans doute, Nicodème et Joseph d'Arimathée) tiennent le corps dans un linceul, et sont en train de le déposer dans une sorte de sarcophage. Cette scène, selon M. Sanoner, est très rare avant le 14ᵉ siècle, quoique la déposition de la croix, qui manque ici, soit assez fréquemment traitée.

(5)   (v. pl. 33)   La résurrection.   Les deux Maries et Salomé, portant leurs offrandes, s'avancent vers le tombeau ; un ange leur parle.   Des soldats qui, faute de place, sont en proportion trop petits, sont endormis sous le tombeau.   Un joli détail, fort rare, est la lampe suspendue au-dessus du sarcophage.

Plate 32

32. Capitals on the left of the right door.

Chapiteaux à gauche de la porte droite.

33. STATUES ON THE LEFT OF THE RIGHT DOOR.

(1) A beardless king with a halo; under his feet is some kind of animal.

(2) A saint, bare-headed, holding a scroll.

(3) A king, beardless and haloed, his right hand holds a scroll, his left held a sceptre of which only the fleur-de-lys on the end is left.

Of the statuettes on the shaft to the left, the third is a merchant whose purse a thief is cutting off; the first, a butcher killing an ox, has "Rogerus" written above his head. There are also statuettes on the door-jambs; one of these (the only perfect one) is shown in plate 34.

On the shaft between the second and third of these statues is an incomplete series of Labours of the Months. The lowest (half-way up the shaft) is two-headed Janus; then February, a man warming himself at a fire; March, pruning; April, a man standing; May, a horseman; June, a harvester; July, a man stooping (perhaps reaping corn?). We cannot make out the next two; the topmost one would be October, perhaps knocking down acorns for pigs.

---

33. STATUES À GAUCHE DE LA PORTE DROITE.

(1) Un roi nimbé, imberbe; sous ses pieds est un animal quelconque.

(2) Un saint, nu-tête, tenant une banderole.

(3) Un roi nimbé, imberbe; la main droite tient un rouleau, la gauche, un sceptre dont il ne reste que la tête en fleur-de-lis.

Des statuettes sur la colonnette à gauche, la troisième est un marchand à qui un voleur coupe sa bourse; au-dessus du premier, un boucher qui abat un bœuf, est écrit le nom "Rogerus." Il est aussi des statuettes sur le jambage: on en verra une (la seule qui soit entière) sur la planche 34.

Sur la colonnette qui est entre la deuxième et la troisième de ces statues, il y a une série incomplète de Travaux des mois: on voit en bas (à mi-hauteur de la colonnette) Janus à deux têtes, puis Février, un homme qui se chauffe à un feu; Mars, qui taille un arbre; Avril, un homme debout; Mai, un cavalier; Juin, un moissonneur; Juillet, un homme penché (qui coupe le blé?); nous ne pouvons pas distinguer les deux suivants; en haut, ce serait Octobre qui abat des glands pour les porcs.

Plate 33

33. Statues on the left of the right door.
Statues à gauche de la porte droite,

34. Statuette on the Door-jamb.

A man wearing a round Jewish cap; he carries a scroll inscribed
"Geremias." This little figure, which is full of character and life, is
thus the only one on these doors whose identity is other than conjectural. (Jeremiah is represented also by a large statue in the
northern porch, see plate 72.) The sculptor has well suggested the
fierce and gloomy prophet.

---

34. Statuette du Jambage.

C'est un homme ayant une calotte sur la tête : il porte un
phylactère avec le nom de Geremias. Cette petite figure pleine de
caractère et de vie, est donc la seule de ce portail dont l'identité
soit autre que conjecturale. (Jérémie est figuré aussi par une
grande statue dans le porche septentrional—v. planche 72.) Le
sculpteur a bien indiqué le caractère du prophète farouche et
sombre.

Plate 34

34. Statuette on the door-jamb.

Statuette du jambage.

35. Capitals on the right of the Right Door.

(1) Jesus washes the disciples' feet. As we have said, the scenes are not in the right order. This one is rather rare in sculpture. Jesus holds one apostle's foot over a basin; the others are waiting seated on a bench.

Next follows the meeting of Jesus with the disciples of Emmaus, represented, as it usually is in the 12th century, in three scenes:

(2) Christ walks with the disciples of Emmaus.

(3) The supper at Emmaus; Christ blesses the bread.

(4) The disciples of Emmaus, having come to Jerusalem, relate to the apostles how they have seen Jesus.

Finally, in the fifth scene, Jesus sends forth the apostles to preach throughout the world. The figures are greatly mutilated; that of Christ may be recognised by the cruciform nimbus.

---

35. Chapiteaux à droite de la Porte Droite.

(1) Jésus lave les pieds des disciples. Nous avons déjà fait remarquer que les scènes ne sont pas dans leur ordre. Celle-ci est assez rare. Jésus tient au-dessus d'un baquet le pied d'un apôtre; d'autres attendent, assis sur un banc.

Suit l'histoire de la rencontre de Jésus avec les disciples d'Emmaüs, représentée, comme ordinairement au 12e siècle, dans trois scènes:

(2) Jésus fait route avec les disciples d'Emmaüs.

(3) Le souper d'Emmaüs: Jésus bénit le pain.

(4) Les disciples d'Emmaüs, retournés à Jérusalem, racontent aux disciples comment ils ont vu Jésus.

(5) Jésus envoie les apôtres prêcher dans tout l'univers. Les figures sont très mutilées; on reconnaît celle du Christ au nimbe crucifère.

Plate 35

35. Capitals on the right of the right Door.
Chapiteaux à droite de la porte droite.

36. STATUES ON THE RIGHT OF THE RIGHT DOOR.

(1) A saint, holding a book (see plate 37).

(2) A king, haloed; the head of his sceptre alone remains; his feet rest on two dragons.

(3) A queen; she looks as if she must have been beautiful, but unfortunately her head is greatly mutilated; her hair is plaited.

---

36. STATUES À DROITE DE LA PORTE DROITE.

(1) Un homme nimbé tenant un livre (v. planche 37).

(2) Un roi nimbé; la tête seule de son sceptre est restée: il a les pieds sur deux dragons.

(3) Une reine nimbée; elle semble avoir été belle, mais la tête est malheureusement très mutilée; elle a les cheveux nattés.

Plate 36

36. Statues on the right of the right Door.
Statues à droite de la porte droite.

37. HEAD OF A STATUE.

This head greatly resembles the one on plate 26, which Viollet-le-duc regards as "truly French or Gallic in character." Like that, it has "the flat forehead, the highly-arched brows, the prominent eyes, the long cheeks, the nose broad at the base and rather drooping, straight in profile, the wide firm mouth with a long upper lip, the square jaw, the large flat ears, the long wavy hair" which, in his opinion, indicate the true type of the ancient Gaul.

---

37. TÊTE D'UNE STATUE.

Cette tête a beaucoup de ressemblance avec celle de la planche 26, que Viollet-le-duc regarde comme ayant un caractère vraiment français ou gaulois. Elle a, comme celle-là, "ce front plat, ces arcades sourcilières relevées, ces yeux à fleur de tête, ces longues joues, ce nez largement accusé à la base et un peu tombant, droit sur son profil, cette bouche large, ferme, éloignée du nez, ce bas de visage carré, ces oreilles plates et développées, ces longs cheveux ondés," qui indiquent, selon lui, le vrai type du vieux Gaulois.

Plate 37

37. Head of a statue.

Tête d'une statue.

38. NORTH TRANSEPT.

All the north side of the cathedral belongs to the first quarter of the 13th century. To the right of the plate is a small Renaissance clock tower which the Chapter caused to be built in 1520 by Jehan de Beauce, the architect of the New Tower. The dial has 12 hours twice over—noon at the top, midnight at the bottom.

Between the clock-tower and the transept are seen the ends of the flying buttresses, whose peculiar form is illustrated in plate 39.

Against the transept wall is an unfinished tower, a corresponding one being on the east side of the transept. Note the graceful galleries built, one just above the roof of the aisles, the other at the transept roof. In front of the transept doors is a porch, with a flight of steps leading up to it. Above the porch, the transept is lighted by five lancet windows and a magnificent rose-window (not shown on the plate). It is surmounted by a gable with a gallery, and two pinnacles. The small building visible behind the porch is the sacristy, dating from the 14th century, and beyond is the bishop's garden.

38. TRANSEPT NORD.

Toute la façade septentrionale appartient au premier quart du 13e siècle. A droite de la planche est le petit " Pavillon de l'Horloge " dans le style Renaissance, que le Chapitre fit construire en 1520 par Jehan de Beauce, l'architecte du Clocher Neuf. Le cadran a deux fois douze heures, midi en haut, minuit en bas.

Entre le Pavillon et le transept on voit les extrémités des arcs-boutants, dont la forme particulière sera illustrée sur la planche 39.

Contre le mur du transept est un clocher inachevé : un clocher semblable flanque le transept du côté est. On remarquera les galeries élégantes bâties, l'une juste au-dessus de la voûte des bas-côtés, l'autre au niveau du toit du transept. Un porche, auquel un perron donne accès, est élevé devant les portes du transept. Au-dessus, le transept est éclairé par cinq lancettes et une magnifique rose (la planche ne les montre pas). Il est couronné d'un pignon avec galerie et de deux pinacles. Le petit édifice qui on entrevoit derrière le porche est la sacristie, construction du 14e siècle ; au-delà, c'est le jardin de l'évêché.

Plate 38

38. North Transept.

Transept nord.

39. FLYING BUTTRESSES OF THE NAVE.

The flying buttresses are composed of three arches one above the other, as is frequent in Gothic churches. But here even a buttress of three arches being thought insufficient to resist the thrust of the extremely thick vaults, it occurred to the architects, in the words of Viollet-le-duc, to unite the two lower arches "by a series of spokes which should join them, stay them, and give them all the resistance of a solid wall, while preserving their lightness of aspect. The whole system of arches is built into the buttresses, and lodged there as in a groove; all the joints in the masonry are normal to the curves,—in short, it is an oblique construction designed to resist oblique thrusts."

---

39. ARCS-BOUTANTS DE LA NEF.

Les arcs-boutants se composent de trois arcs superposés, comme il est fréquent dans les églises gothiques. Mais ici même les trois arcs paraissant insuffisants à résister à la poussée des voûtes très épaisses, les architectes eurent l'idée, dit Viollet-le-duc, "de rendre solidaires les deux arcs [inférieurs] par une suite de rayons qui les réunissent, les étrésillonnent, et leur donnent toute la résistance d'un mur plein, en leur laissant une grande légèreté…Tout le système des arcs pénètre dans les contreforts, s'y loge comme dans une rainure, et tous les joints de l'appareil sont normaux aux courbes, enfin, c'est une construction oblique destinée à résister à des pesanteurs agissant obliquement."

Plate 39

39. Flying buttresses of the Nave.

Arcs-boutants de la Nef.

40. BUTTRESSES.

In the ends of the buttresses where the flying buttresses join are niches (perhaps the earliest example of this arrangement) containing statues of bishops or abbots, with devils or grotesque figures at their feet (plates 41, 42).

The plate also shows the gallery which runs round the roof of the aisles, the windows of the aisles, and the ingenious way of lighting the nave adopted in the clerestory. The windows of the clerestory are round-headed, with two lights below, the upper part filled in with plate tracery somewhat similar to that in the rose window on the west front (plate 7).

---

40. CONTREFORTS DES ARCS-BOUTANTS.

Dans les contreforts des arcs-boutants sont pratiquées des niches (c'est peut-être le premier exemple de cette disposition). Les niches abritent des statues d'évêques ou d'abbés, avec des démons ou des monstres à leurs pieds (v. planches 41, 42).

La planche montre, en outre, la galerie qui court au niveau du toit des bas-côtés, les vitraux des collatéraux, et le système très ingénieux d'éclairage de la nef: les fenêtres de la claire-voie se composent de deux lancettes surmontées d'une rosace entourée de petites quatre-feuilles, assez semblable à la rose de la façade ouest (planche 7).

Plate 40

40. Buttresses.
Contreforts des arcs-boutants.

41. STATUE OF AN ABBOT.

This statue of an abbot stands in one of the niches of the buttresses. He wears a mitre and carries a pastoral staff with a globe on the top. At his feet are crouching two figures representing, according to Bulteau, avarice—a man with a bag of money hung round his neck and a devil caressing him.

---

41. STATUE D'UN ABBÉ.

Cette statue d'un abbé est placée dans une des niches des contreforts. Il porte la mitre et le bâton pastoral surmonté d'un globe. A ses pieds sont accroupies deux figures qui représentent, selon Bulteau, l'avarice—un homme avec un sac d'argent suspendu à son cou, et un démon qui le caresse.

Plate 41

41. Statue of an Abbot.

Statue d'un abbé.

42. STATUE OF AN ABBOT.

Another of the statues in the ends of the buttresses. He has a mitre and pastoral staff with a globe on the top: his right hand is raised in blessing: under his feet is a devil. Above the trefoil arch is a moulded quatrefoil slightly sunk. To the right of the plate are seen the arches of the adjacent flying buttress.

42. STATUE D'UN ABBÉ.

C'est également une des statues placées dans les niches des contreforts. L'abbé porte la mitre et le bâton pastoral surmonté d'un globe; la main droite donne la bénédiction. Sous ses pieds est un démon. A droite de la planche on voit les arcades de l'arc-boutant voisin.

Plate 42

42. Statue of an Abbot.

Statue d'un abbé.

43. NORTH PORCH FROM THE WEST.

This outstanding porch was evidently not included in the original plan of the transept, for parts of the buttresses have been cut away to make room for it, as plate 38 shows. It is not one of the large closed porches common in the 12th century for the accommodation of penitents and catechumens (p. 14); these had ceased to be built, and we have seen that the one existing on the west front was done away with after the fire of 1194. But about the middle of the 13th century, it became the custom to build over the transept doors of churches these shallow open porches, not intended for ceremonial purposes but simply to afford shelter to the worshippers as they entered the church[1].

The north doorways were begun soon after 1205, for in that year the head of St Anne, mother of the Virgin, was brought from Constantinople to Chartres, and we shall see the prominent place given to St Anne on these doors. The porch is later; it was built, according to Viollet-le-duc, about 1245, and the sculptures were not completed till about 1270.

---

43. PORCHE SEPTENTRIONAL (VU DE L'OUEST).

Ce porche avancé n'entrait pas, il est clair, dans le dessin primitif du portail; une partie des contreforts a été coupée pour lui faire place (v. pl. 38). Ce n'est plus un des grands narthex entièrement clos du 12e siècle, destinés aux pénitents, aux catéchumènes (v. p. 14); ceux-ci n'étaient plus usités, et nous avons vu que celui qui existait à la façade occidentale a été supprimé après l'incendie de 1194. Mais vers le milieu du 13e siècle on commence à construire, comme ici, devant les portes latérales des églises, des porches ouverts, peu profonds, ne servant plus à des cérémonies religieuses, mais seulement à abriter les fidèles entrant dans l'église[1].

Le portail septentrional proprement dit a été commencé peu après 1205, car ce fut alors que la tête de Ste Anne, mère de la Vierge, fut apportée de Constantinople à Chartres, et l'on verra quelle place importante est ici donnée à la sainte. Le porche est postérieur: bâti vers 1245, selon Viollet-le-duc, et les sculptures ne furent achevées que vers 1270.

[1] Viollet-le-duc, *Dict. d'architecture*, VII. p. 259.

Plate 43

43. North Porch from the West.
Porche septentrional (vu de l'ouest).

44. NORTH PORCH, FRONT VIEW.

These side porches of Chartres present, says Viollet-le-duc, "one of the finest specimens of French architecture of the middle of the 13th century. Their plan, their structure, their ornamentation, the statues which cover them, are inexhaustible subjects of study, and their whole effect displays that perfect harmony which is so rare in architectural works[1]." The northern one, he adds, has "a greater wealth of details, a more complete grasp of the principles of sculpture, and greater originality of composition," than the southern. It is composed of three bays with pointed arches (corresponding to the three inner doors) each surmounted by a gable. The two orders of the outer arch, and those of the inner doorways, are adorned with carvings; the vaulting of the porch, between these two series of carvings, is simply decorated in low relief with trefoil arches and quatrefoils and divided by two ribs (those of the central bay being covered with statuettes) (see pls. 59, 61). On each side of the doors and against the pillars of the porch are large statues. In all, there are over 700 carved figures on the porch and inner doorways.

---

44. PORCHE SEPTENTRIONAL (VU DE FRONT).

Ces porches latéraux de Chartres offrent, dit Viollet-le-duc, "l'un des plus beaux spécimens de l'architecture française du milieu du 13e siècle. Leur plan, leur structure, leur ornementation, la statuaire qui les couvre, sont des sujets d'étude inépuisable, et leur ensemble présente cette harmonie complète si rare dans les œuvres d'architecture[1]." Celui du nord, ajoute-t-il, est "plus riche de détails, plus complet comme entente de la sculpture, plus original peut-être comme composition," que celui du sud. Il se compose de trois baies en ogive (correspondant aux trois portes intérieures) chacune surmontée d'un gâble. Deux cordons de sculptures ornent les arches extérieures, et il y en a d'autres cordons dans les voussures des portes : les voûtes, entre ces deux arches sculptées, sont revêtues seulement d'arcs trilobés et de quatre-feuilles, en bas relief et divisées par deux nervures saillantes (les nervures de la baie centrale portent des statuettes) (planches 59, 61). De chaque côté des portes, et sur les piliers du porche, sont de grandes statues. En tout, il y a plus de sept cents figures sculptées sur le portail et le porche.

[1] *Dict. d'architecture*, VII. p. 259.

Plate 44

44. North Porch, front view.

Porche septentrional (vu de front).

If we compare these sculptures with those of the west front, we find ourselves confronted with an altogether different art, more mature and classical. The bodies are no longer of exaggerated length and thinness, but well proportioned (except that certain of the heads are too large). The draperies are no longer stiff and conventional, but fall naturally and gracefully. Instead of the motionless attitudes of the west front, the figures seem to move, almost to speak. Yet the statues of the north porch are less impressive, less harmonious in effect. If the bodies are better proportioned and more life-like, the heads, compared with those of the west front, lack expression and individuality. Above all, they do not give the same impression of forming an essential part of the building, of being an inseparable element of the architecture, to which the naturalism of the figures is sacrificed.

The sculptures of this porch are devoted to the glorification of the Virgin, the worship of whom assumes far greater importance in the 13th century than before. In Romanesque churches she rarely figures; we have seen that one doorway on the west front is devoted to her, but there she appears rather as subordinate to the Child,

---

Si l'on compare ces sculptures avec celles du portail occidental, on se trouve en présence d'un art tout autre, et qui semble plus mûr, plus classique. Plus de ces longs corps étriqués ; ici, sauf certaines têtes trop grandes, les corps sont bien proportionnés. Plus de ces draperies si raides, si stylisées ; ici elles tombent plus naturellement, plus gracieusement. Plus de ces attitudes immobiles ; ici les statues semblent se remuer, faire des gestes, se parler. Cependant, la statuaire du porche nord est moins impressionnante, d'un effet moins harmonieux. Si les corps sont mieux proportionnés et plus vivants, les têtes, auprès de celles du portail occidental, manquent de caractère, d'expression, d'individualité. Surtout, les statues ne donnent plus l'idée, que donnent celles du portail plus ancien, de faire corps avec le monument même, d'être un élément inséparable de l'architecture, à laquelle tout naturalisme est sacrifié.

Quant au sujet, ces sculptures sont consacrées à la gloire de la Sainte Vierge, dont le culte prend au 13e siècle une importance plus considérable qu'auparavant. Dans les églises romanes, elle n'est représentée que rarement. Nous avons vu qu'une des trois portes du portail occidental lui est consacrée, mais c'est cependant l'Enfant qui y tient

whereas here she is the chief figure. We see on this porch how great was her significance in the eyes of men of the middle ages, and what a wealth of ideas was associated with her worship. Thus, we find the Active and Contemplative Life represented here, because, according to the Liturgy itself (when treating the history of Martha and Mary, chosen as the gospel for the Feast of the Assumption), Mary combined in her own person these two lives; and if the Virtues are shown, it is because Mary is the great exemplar of them.

With the story of the Virgin is united the Old Testament history, usually represented on north porches. And the Old Testament is taken as the symbol of the New; the personages chosen from it are either prophets of the Messiah, or the types of Christ and His mother.

45. LEFT BAY.

The two orders of the outer arch are carved with statuettes, those of the first representing the Active and Contemplative Life, of the second, the fourteen Heavenly Beatitudes; the label is beautifully carved (cf. pl. 59). Beneath, on each side of the bay, are two niches which formerly contained statues of women, destroyed, like

---

la première place; ici, elle est la figure principale. Et nous y voyons quelle importance capitale elle avait aux yeux du peuple du moyen âge, quelle foule d'idées on associait à son culte. Ainsi, si l'on figure ici la Vie active et la Vie contemplative, c'est que, selon la Liturgie même (dans l'office de la fête de l'Assomption, au sujet de l'histoire de Marthe et de Marie) la Vierge conciliait en elle ces deux vies; si l'on représente les Vertus, c'est parceque Marie en était l'incarnation.

A l'histoire de la Vierge est jointe la représentation de l'Ancien Testament, habituelle aux porches du nord dans nos églises. Et l'Ancien Testament est conçu comme le symbole du Nouveau; les personnages qu'on y choisit sont, ou bien les prophètes du Messie, ou bien les prototypes du Christ ou de sa mère.

45. BAIE DE GAUCHE.

Sur l'arche extérieure sont deux cordons de figures, représentant, l'un la Vie active et la Vie contemplative, l'autre les quatorze Béatitudes célestes; l'archivolte a un très joli rinceau (cf. pl. 59). Sous ces cordons, il y a de chaque côté de la baie, deux niches qui renfermaient autrefois des statues de femmes, détruites, comme

several others on this porch, during the Revolution. The two inner ones were Martha and Mary, or else Leah and Rachel, in either case the types of the Active and Contemplative Life (see p. 103). The outer two symbolised the Synagogue and the Church (as at Paris, Reims, Strasburg). The pedestals of these four statues, which are also broken, represented the conflict of the Virtues and the Vices (cf. p. 124); on the right pillar of the bay there remain "Fortitudo" trampling on "Crudelitas" (a lion) and "Justitia" piercing an ape "Curiositas." On each side of the arch is a niche with a seated figure of a king, and in the gable a bishop, blessing, between two angels.

On the east side of the porch likewise were formerly two large statues, which have disappeared from their niches.

On each side of the inner door are three large statues: on the left, Isaiah, Gabriel, and Mary (the Annunciation), on the right, Mary and Elizabeth (the Visitation, pl. 53) and Daniel.

At the ends of the inner of the two ribs on the roof of the porch are a cobbler (left side) symbolising the Active Life (pl. 51), and a monk reading (right side), the Contemplative Life.

---

plusieurs autres de ce porche, pendant la Révolution. Deux représentaient Marthe et Marie (ou Léa et Rachel), types de la Vie active et de la Vie contemplative (p. 103). Les deux autres figuraient la Synagogue et l'Eglise (comme à Paris, Reims, Strasbourg). Les piédestaux de ces statues, également brisés, représentaient le conflit des Vertus et des Vices (comparez p. 124); sur le pilier à droite de la baie il reste "Fortitudo" qui terrasse "Crudelitas" (un lion) et "Justitia" qui transperce un singe "Curiositas." De chaque côté de l'arche est une niche avec un roi assis, et dans le gâble, un évêque bénissant, entre deux anges.

Du côté est du porche étaient également deux grandes statues, maintenant disparues de leurs niches.

A gauche de la porte sont trois grandes statues, Isaïe, Gabriel et Marie (l'Annonciation). De l'autre côté de la porte, Marie et Elisabeth (la Visitation), puis Daniel (pl. 53).

Aux extrémités de l'arc-doubleau sur la voûte du porche se trouvent un savetier (côté gauche) figurant la Vie active (pl. 51), et un moine qui lit (côté droit) figurant la Vie contemplative.

Plate 45

45. Left Bay.

Baie de gauche.

46. PLINTHS OF THE PILLARS OF THE LEFT BAY.
(a) LEFT.   (b) RIGHT.

These ornamented plinths are peculiar to the north porch, and are not found anywhere else in the cathedral. Their decoration, based on plant forms, varies from geometrical ornament (as in the plinth of the left-hand column in *b*) to naturalistic foliage (such as the vine on the right of the same plate, at the top), through all degrees of conventionalisation (like the iris repeated here four times). But whether naturalistic or conventional, this ornament is always beautiful, and its variety is a further proof of the amazing fertility of invention of the sculptors of Chartres. It might be thought to lack unity, to be only a haphazard collection of different *motifs*. But if we compare it with the ornament of the west front of Amiens cathedral, where a single geometrical pattern is everywhere repeated, we shall better appreciate the infinite variety of our porch.

---

46. PLINTHES DES PILIERS DE LA BAIE DE GAUCHE.
(a) GAUCHE.   (b) DROIT.

Ces plinthes décorées sont une particularité charmante du porche nord ; on ne les trouve pas ailleurs dans la cathédrale. Leur décoration, inspirée du règne végétal, varie depuis l'ornement géométrique (tel qu'on le voit sous la première colonne à gauche, *b*) jusqu'au feuillage quasi naturel (tel que la branche de vigne qui est à droite de la même planche, en haut), en passant par des formes plus ou moins stylisées (telles que le motif d'iris répété quatre fois ici). Mais soit naturelle, soit stylisée, cette décoration est toujours belle, et sa variété est une preuve de plus de l'étonnante fécondité d'invention des sculpteurs de Chartres. On pourrait lui reprocher de manquer d'unité, de n'être qu'un assemblage de motifs jetés au hasard. Mais si on la compare avec la décoration de la façade ouest de la cathédrale d'Amiens, où l'unique motif géometrique est répété partout, on appréciera mieux la diversité infinie de notre porche.

Plate 46

(*a*)

(*b*)

46. Plinths of the Pillars of the Left Bay. (*a*) Left. (*b*) Right.
Plinthes des piliers de la baie de gauche. (*a*) Gauche. (*b*) Droit.

47.   STATUETTES OF THE ACTIVE LIFE AND THE HEAVENLY BEATITUDES.

The first order represents a woman engaged in six occupations of the Active Life—who, like the virtuous woman in Proverbs, "seeketh wool and flax, and worketh willingly with her hands." In the first scene she is washing wool, (2) carding it (see pl. 48), (3) stripping flax, (4) carding it, (5) spinning, (6) winding. Below was formerly a colossal statue of Martha or Leah, a woman sewing, type of the Active Life.

The second order shows the fourteen Heavenly Beatitudes described by St Anselm, and nowhere else represented. They are shown as queens, haloed, with shield and pennant; all the names were formerly inscribed, but five are now obliterated. The seven on this side are:

(1)   Beauty, with four roses on her shield.
(2)   Liberty, with two crowns.
(3)   Honour, with two mitres.
(4)   Joy, with an angel holding a book.

---

47.   STATUETTES DE LA VIE ACTIVE ET DES BÉATITUDES CÉLESTES.

Le cordon intérieur représente une femme occupée à six travaux de la Vie active, qui, comme la femme vertueuse des Proverbes, se procure de la laine et du lin, et travaille d'une main joyeuse. (1) Elle lave la laine, (2) elle la peigne (pl. 48), (3) elle tille le lin, (4) elle le peigne, (5) elle le dévide. Au-dessous du cordon était autrefois la statue colossale de Marthe (ou Léa), une femme qui cousait, symbole de la Vie active.

Le cordon extérieur montre les quatorze "Béatitudes célestes" dont parle St Anselme, et qui n'ont jamais été représentées ailleurs. Elles sont figurées par des reines nimbées, tenant chacune un bouclier et la plupart un étendard ; tous les noms étaient autrefois inscrits, mais cinq sont effacés. Les sept de ce côté sont :

(1)   la Beauté—sur son écu, quatre roses.
(2)   la Liberté—deux couronnes.
(3)   l'Honneur—deux mitres.
(4)   la Joie—un ange tenant un livre.

Plate 47

47. Statuettes of the Active Life and the Heavenly Beatitudes.

Statuettes de la Vie active et des Béatitudes célestes.

(5) Pleasure, with an angel holding a censer.

(6) Swiftness, with three arrows.

(7) Strength, with a lion.

48. Two Statuettes of the Active Life.

These charming little figures are full of life, natural and graceful in gesture. The costumes and especially the headdresses of the whole twelve are interesting as specimens of the simple and beautiful dress of the day. The headdresses are of two types, either a kerchief very gracefully draped, or a flat round cap, accompanied or not by folds of stuff closely framing the face.

The lower figure is about to wash a bundle of wool which she holds on her knee ; beside her is a tub into which a stream of water falls from a rock. The second one is carding wool.

---

(5) le Plaisir—un ange tenant un encensoir.

(6) la Vitesse—trois flèches.

(7) la Force—un lion.

48. Deux statuettes de la Vie active.

Ces charmantes petites figures sont pleines de vie, de naturel, de grâce. Les robes et surtout les coiffures de toutes les douze intéressent comme des spécimens du costume pittoresque et simple de l'époque. Les coiffures sont de deux espèces—ou bien une draperie gracieuse-ment disposée, ou bien une barrette ronde, accompagnée ou non de plis d'étoffe encadrant le visage.

La figure d'en bas va laver un paquet de laine qu'elle a sur son genou ; à côté d'elle est un baquet qui reçoit de l'eau tombant d'un rocher. L'autre peigne la laine.

Plate 48

48. Two Statuettes of the Active Life.
Deux statuettes de la Vie active.

49. The Contemplative Life and the Beatitudes.

(1) A woman holding a closed book on her knees.

(2) Opening the book (pl. 50).

(3) Reading.

(4) She has closed the book, which lies on her knee, and meditates with clasped hands.

(5) She meditates, with the book in one hand and the other raised.

(6) She gazes towards heaven, with hands clasped.

Below these was formerly a colossal statue of the Contemplative Life, typified by Mary or Rachel, reading.

In the second row are seven of the Beatitudes:

(1) Concord, with two pairs of doves on her shield.

(2) Friendship, also with two pairs of doves.

(3) Longevity, with an eagle holding a sceptre.

(4) Power, with three sceptres.

(5) Health, with three fishes.

(6) Security, with a castle.

(7) Wisdom, with a dragon.

---

49. La Vie contemplative et les Béatitudes.

(1) Une femme tient un livre fermé sur les genoux, (2) elle ouvre le livre (pl. 50), (3) elle lit, (4) elle a refermé le livre, qui repose sur ses genoux, et médite, les mains jointes, (5) elle médite encore, le livre d'une main, l'autre levée, (6) elle contemple le ciel, les mains jointes. Au-dessous était autrefois la statue de Marie (ou de Rachel) lisant, pour symboliser la Vie contemplative.

Dans le cordon extérieur, sept Béatitudes:

(1) la Concorde—sur l'écu deux paires de colombes.

(2) l'Amitié—aussi deux paires de colombes.

(3) la Longévité—un aigle tenant un sceptre.

(4) la Puissance—trois sceptres.

(5) la Santé—trois poissons.

(6) la Sécurité—un donjon.

(7) la Sagesse—un dragon.

Plate 49

49. The Contemplative Life and the Beatitudes.

La Vie contemplative et les Béatitudes.

50. TWO STATUETTES OF THE CONTEMPLATIVE LIFE, AND TWO BEATITUDES.

These little figures are among the most charming on the porch. The draperies of the two statuettes of the Contemplative Life (a woman holding a closed book, and another opening her missal) are most beautiful and graceful, and offer a striking contrast to anything we have seen on the west front. The lower figure, with her head raised, her face in full light, in an attitude whose slight affectation does not take away from its grace, has some of the quality of a Tanagra statuette. The other fulfils still better the idea of the Contemplative Life. Her attitude is admirably natural. With her shadowy face, her lowered eyelids, her head bent over the book of devotion, her look of profound meditation, she personifies in its austerity the mystic ideal of the middle ages.

Very different are the two dainty little smiling queens, with round chubby faces, who represent Beatitudes. These two, by their shortness of stature, round faces, and the roguish smile of the upper one, remind us of the statues of Reims cathedral.

---

50. DEUX STATUETTES DE LA VIE CONTEMPLATIVE, ET DEUX BÉATITUDES.

Ces petites figures sont parmi les plus charmantes du portail. Les draperies des deux statuettes de la Vie contemplative (la femme qui tient un livre fermé, et celle qui ouvre son missel) sont rendues avec une grâce et une souplesse qui font un contraste frappant avec tout ce que nous avons vu sur le portail occidental. La statuette d'en bas, avec la tête relevée, la figure en pleine lumière, et dans une attitude dont le maniérisme ne nuit pas à la grâce, a quelque chose d'un Tanagra. L'autre répond mieux encore à l'idée de la Vie contemplative. Nous sommes ici en pleine vérité, aucune part à la convention. La figure dans l'ombre, les paupières baissées, la tête penchée sur le pieux livre, la sainte femme, abîmée en un profond recueillement, personnifie dans toute sa grandeur austère, l'idéal mystique du moyen âge.

Très différentes sont les deux jolies petites reines souriantes, aux visages ronds et joufflus, qui représentent les Béatitudes. Ces dernières, par le raccourci de leurs tailles, leurs figures arrondies, et le sourire espiègle de celle d'en haut, rappellent la statuaire de la cathédrale de Reims.

Plate 50

50. Two Statuettes of the Contemplative Life, and two Beatitudes.

Deux statuettes de la Vie contemplative, et deux Béatitudes.

51. View in the Porch, looking east.

On the right are two of the Patriarchs of the central doorway (see pl. 69), next to them comes a statue, placed between the central and left doors. It represents Elisha; under his feet is the Shunammite woman holding in her arms the body of her son, whom Elisha restored to life—a symbol of Christ giving life to mankind. (In the corresponding place between the central and right doors is a statue of Elijah, see pls. 57, 80.)

On the left of the door are three statues. The first on the left is Isaiah, the author of prophecies concerning the Virgin and the Incarnation : " Ecce virgo concipiet et pariet filium " (vii. 14) and " Egredietur virga de radice Jesse, et flos de radice ejus ascendet," the rod signifying, according to mediaeval theologians, Mary, and the flower, Jesus. The head of Isaiah is unfortunately broken ; so is that of the second statue, Gabriel, who announces to Mary the Incarnation. The third statue (only partly visible on the plate) is Mary. For the pedestals of the three figures, see pl. 52. Above are shown the first statuettes in the arch : on the left two queens, the Fruits of the

---

51. Vue sous le Porche, en regardant vers l'est.

A droite on voit deux des Patriarches de la porte centrale (v. pl. 69). Ensuite il y a une statue, placée entre la porte centrale et celle de gauche, c'est Elisée. Sous la statue, la Sunamite tient dans ses bras le cadavre de son fils, qu'Elisée ressuscita—symbole de Jésus qui rend la vie à l'humanité. (A la place correspondante, entre la porte centrale et celle de gauche, il y a une statue d'Elie, v. planches 57, 80.)

A gauche de la porte il y a trois statues. C'est d'abord Isaïe, auteur des prophéties concernant Marie et l'Incarnation : " Ecce virgo concipiet et pariet filium " (vii. 14) et " Egredietur virga de radice Jesse, et flos de radice ejus ascendet," le " rejeton " étant, selon les théologiens du moyen âge, Marie et la " fleur," Jésus. La tête d'Isaïe est malheureusement brisée, de même que celle de la deuxième statue, Gabriel, qui annonce à Marie l'Incarnation de Jésus. La troisième statue, à peine entrevue, est celle de Marie. Pour les piédestaux de ces trois figures, voyez pl. 52. Au-dessus, on voit les premières statuettes de la voussure—à gauche, deux reines, les

Plate 51

51. View in the Porch, looking East.

Vue sous le porche, en regardant vers l'est.

Holy Spirit (p. 125), and on the right the first two Virtues, Prudence and Justice (see p. 124). At the end of the rib on the roof of the porch is a statuette of a cobbler symbolising the Active Life.

Two statues were formerly placed against the pillar on the left of the plate (see p. 126). The bas-reliefs on their pedestals, which are greatly defaced, depict scenes from the life of David—David armed before Saul, David conquering Goliath. The lovely ornaments of the pedestals are noteworthy; see plate 91 for some of the designs on a larger scale.

52. Pedestals of the Statues on the Left of the Left Door.

(1)   Under the statue of Isaiah, a dragon whose head is missing.

(2)   Under Gabriel, a devil.

(3)   Under Mary, a dragon in a tree with leaves and apples. It is the tree of knowledge with the serpent, who had caused Eve to fall. Mary, the second Eve[1] (since through her came the redemption of mankind, as through Eve the fall), treads the serpent under foot.

"Fruits de l'Esprit" (p. 125), et à droite les deux premières Vertus, la Prudence et la Justice (p. 124). A l'extrémité de l'arc-doubleau sur la voûte est la statuette d'un savetier, figurant la Vie active.

Deux statues étaient autrefois placées contre le pilier à gauche de la planche (v. p. 126). Les bas-reliefs des piédestaux, très mutilés, figurent des scènes de la vie de David—David armé devant Saul, David tuant Goliath. Les jolis ornements des piédestaux sont dignes de remarque; on en trouvera quelques motifs en plus grand sur la planche 91.

52. Piédestaux des Statues à gauche de la Porte Gauche.

(1)   Sous la statue d'Isaïe, un dragon sans tête.

(2)   Sous Gabriel, un démon.

(3)   Sous Marie, un dragon dans un arbre avec des feuilles et des pommes. C'est l'arbre de science avec le serpent qui avait séduit Eve. Marie, la seconde Eve[1], puisque, par elle, advint la rédemption de l'humanité, comme par Eve la chute, foule aux pieds le serpent.

[1] See Mrs Jameson, *Legends of the Madonna*, p. xlviii.

Plate 52

52. Pedestals of the Statues on the left of the Left Door.

Piédestaux des statues à gauche de la porte gauche.

53. STATUES ON THE RIGHT OF THE LEFT DOOR.

The first two represent the Visitation. On the left is the figure of Mary, a beautiful piece of sculpture, although oddly enough the artist has made her older and more haggard than the Virgin is usually drawn. Next comes Elizabeth, with the wrinkled face of an old woman. They are turned towards each other, and seem to converse, in an attitude full of dramatic expression. The draperies of these two statues are particularly beautiful, and the group is, according to M. Lambin[1], "one of the masterpieces of Gothic sculpture."

The third figure is Daniel, who appears here as one of the prophets of the Incarnation, since the stone cut out of the mountain without hands, which became a great mountain and filled the earth (Daniel ii. 34, 35), is a symbol of the virginal conception.

Under the statue of Mary is a bush with flames coming out from it—the bush which burned and was not consumed, a symbol likewise of the virginal conception. Under that of Elizabeth is a prophet

---

53. STATUES À DROITE DE LA PORTE GAUCHE.

Les deux premières figurent la Visitation. C'est d'abord à gauche, Marie, une belle figure, quoiqu'on lui ait donné, un peu bizarrement, les traits plus âgés, plus décharnés que ceux sous lesquels on représente ordinairement la Vierge; puis Elisabeth, avec le visage ridé d'une vieille femme. Elles sont tournées l'une vers l'autre et semblent se parler; les attitudes sont expressives. Les draperies de ces statues sont particulièrement belles; ce groupe, selon M. Lambin, est "une des plus belles œuvres de la statuaire gothique[1]."

La troisième statue est Daniel, placé ici comme un des prophètes de l'Incarnation, puisque la pierre détachée de la montagne sans le secours d'aucune main, qui devint une grande montagne et remplit toute la terre (Daniel ii. 34, 35), est un symbole de la conception virginale.

Sous la statue de Marie est un buisson d'où sortent des flammes : c'est le buisson ardent qui ne se consumait pas, symbole de la conception virginale. Sous celle d'Elisabeth est un prophète qui verse

[1] *Statuaire des grandes cathédrales*, p. 27.

Plate 53

53. Statues on the right of the Left Door.
Statues à droite de la porte gauche.

pouring water into a jar—Habakkuk, according to Bulteau. Habakkuk, as the apocryphal book of "Bel and the Dragon" relates, was sent by an angel to take food to Daniel in the lions' den, which he accomplished without breaking the seals ; this was regarded as another symbol of the virginal conception[1]. The dragon under the statue of Daniel is doubtless the dragon mentioned in the same book as having been worshipped in Babylon and killed by Daniel.

54.   LEFT TYMPANUM.

The tympanum represents the Nativity.   On the lintel, to the left, is the bed on which Mary lies ; above it is placed the manger with the Infant Jesus, whom the ox and ass are watching.   A lamp hangs over the bed.   A pillar divides the lintel into two ; on the other side of it sits Joseph, staff in hand (he was usually supposed to have been an old man, and therefore carries a staff).   On the right, an angel speaks to the shepherds.   Over the lintel, six angels are looking down from the clouds, holding a long scroll which doubtless once bore an inscription.

---

de l'eau dans un vase—c'est, selon l'abbé Bulteau, Habacuc.   Comme l'apocryphe de " Bel et le dragon " le relate, Habacuc fut envoyé par un ange porter de la nourriture à Daniel dans la fosse aux lions ; il le fit sans briser le sceau qui y était placé ; ce qu'on considérait comme encore un symbole de la conception virginale[1].   Enfin, sous la statue de Daniel est un dragon ; c'est sans doute le dragon dont parle le même apocryphe, que les gens de Babylone adoraient et que tua Daniel.

54.   TYMPAN DE GAUCHE.

Ce tympan figure la Nativité.   Sur le linteau, à gauche, Marie est dans son lit ; au-dessus est placée la crèche avec l'Enfant Jésus, que regardent le bœuf et l'âne.   Une lampe est suspendue près du lit.   Une colonne partage le linteau en deux ; de l'autre côté, Joseph est assis, le bâton à la main (on se l'imaginait le plus souvent comme un vieillard, et on lui donnait un bâton).   A droite, un ange parle aux bergers.   Au-dessus, six anges regardent des nuages, tenant une longue banderole, autrefois, sans doute, inscrite d'un texte.

[1] Mâle, *L'art religieux*, p. 181.

Plate 54

54. Left Tympanum.

Tympan de gauche.

On the tympanum, to the left, the Magi are bringing their offerings, the first kneeling before the Virgin and Child ; the latter is receiving the offering. On the right, the Magi are asleep, being warned in a dream not to go back to Herod. Above are two angels holding scrolls, and at the top of the tympanum is the Star.

The first order of the arch has six angels, the two lowest standing on dragons, the others on clouds. The second order has four Wise and four Foolish Virgins, the other two being placed in the third order. The Foolish Virgins are on the left side of the arch, bareheaded, their lamps upside down and extinguished ; on the right are the Wise, with heads veiled and lamps burning.

The rest of the third order is occupied by a " Psychomachia," or conflict of the Virtues and Vices, a theme extremely popular in the middle ages, and derived from the poem of Prudentius[1]. Here it is not exactly a conflict, but the triumph of the Virtues, which are treading the Vices under foot. On the right side are the four cardinal Virtues : at the bottom, Prudence with an open book, and Folly naked and eating a cheese (as fools are often represented in the

---

Sur le tympan à gauche, les trois Mages apportent leurs offrandes, le premier, comme ordinairement, étant figuré agenouillé devant la Vierge et l'Enfant ; celui-ci accepte l'offrande. A droite, on voit les trois Mages endormis ; c'est le sommeil pendant lequel ils furent avertis en songe de ne pas retourner auprès d'Hérode. Au-dessus, deux anges tiennent des banderoles, et tout en haut du tympan est l'Etoile.

Le premier cordon de la voussure représente six anges, dont les deux d'en bas sont debout sur des dragons, les autres sur des nuages. Le deuxième cordon a huit des dix Vierges, sages et folles, les deux autres étant placées dans le troisième cordon. A gauche, ce sont les Vierges folles, tête nue, leurs lampes renversées et éteintes ; à droite, les Vierges sages, leurs lampes allumées, les têtes voilées.

Le troisième cordon a une Psychomachie, ou conflit des Vertus et des Vices—motif très populaire au moyen âge, et inspiré du poème de Prudentius[1]. Ici ce n'est plus, à proprement parler, un conflit, mais le triomphe des Vertus, qui ont les Vices sous leurs pieds. Ce sont à droite les quatre Vertus cardinales : en bas la Prudence tenant un livre ouvert et la Folie nue et mangeant un fromage (comme les fous

[1] Mâle, *L'art religieux*, p. 131 et seq.

middle ages[1]); Justice with sword and scales, which Injustice tries to falsify (pl. 51); Strength, in coat of mail, holding a sword and a lion, and Cowardice dropping his weapons; Temperance with a dove, and Lust uncovering her breast. On the left are the three theological Virtues: at the bottom, Faith with a cross and a chalice in which she receives the blood of the lamb, and Infidelity with eyes bandaged; Hope looking to Heaven where the Hand of God is seen, and Despair stabbing himself; Charity clothing a beggar and Avarice fingering coins in a coffer. To these three, to balance the four on the other side, has been added Humility with a dove, and Pride falling headlong.

The fourth order has twelve queens holding scrolls which formerly bore their names, now illegible; they are the Fruits of the Holy Spirit enumerated by St Paul (Gal. v. 22 and 23), namely, according to the Vulgate: charitas, gaudium, pax, patientia, benignitas, bonitas, longanimitas, mansuetudo, fides, modestia, continentia, castitas.

---

sont ordinairement représentés au moyen âge[1]); la Justice tenant l'épée et la balance que l'Injustice tâche de déséquilibrer (pl. 51); la Force en cotte de mailles, tenant une épée et un lion, et la Lâcheté, un soldat qui laisse tomber ses armes; la Tempérance, tenant une colombe, et la Luxure, une femme qui se découvre la poitrine. A gauche, les trois Vertus théologales: en bas, la Foi, tenant la croix et un calice où elle reçoit le sang de l'Agneau, et l'Infidélité, aux yeux bandés; l'Espérance, qui regarde dans les cieux où la main de Dieu est visible, et le Désespoir se perçant le cœur avec une épée; la Charité qui habille un pauvre, et l'Avarice qui fait glisser à travers ses doigts des pièces de monnaie dans un coffre; à ces trois, pour la symétrie, on a ajouté l'Humilité tenant une colombe, et l'Orgueil, tombant la tête en bas.

Le quatrième cordon a douze reines tenant des phylactères qui portaient autrefois leurs noms, maintenant illisibles: ce sont les Fruits de l'Esprit Saint, dont parle St Paul (Gal. v. 22 et 23). C'est-à-dire, selon la Vulgate: charitas, gaudium, pax, patientia, benignitas, bonitas, longanimitas, mansuetudo, fides, modestia, continentia, castitas.

[1] Mâle, *L'art religieux*, p. 149.

55. CENTRAL BAY.

On the pillar on the left of the bay are two large statues (pl. 56); there were formerly two others, now destroyed, on the side towards the cathedral. The pedestals of these four are carved with scenes from the life of David (see pl. 58 *a*). The pillar on the right still has its four statues (pl. 58 *b*), the pedestals being carved with scenes from the life of Samuel. The arch has the story of the Creation. In the gable is God blessing, with an angel on each side holding a taper, and lower down angels holding censers. The ribs of the vault are each ornamented with twenty-two statuettes of seated figures. The inner door is divided by a central pier bearing a statue, and there are five colossal statues on each side of the door; in the arch are five rows of statuettes. The smaller bays on each side, fine as they are, do not compete with but add to the grandeur of this magnificent centrepiece.

---

55. BAIE CENTRALE.

Le pilier à gauche de la baie a deux grandes statues (pl. 56); il en avait autrefois deux autres sur la face qui regarde la cathédrale. Sur les piédestaux sont sculptées des scènes de la vie de David (pl. 58 *a*). Le pilier de droite garde encore toutes ses quatre statues, avec des scènes de la vie de Samuel sur les piédestaux (pl. 58 *b*). L'arche porte des scènes de la Création du Monde. Dans le pignon est Dieu, bénissant, avec un ange tenant un cierge de chaque côté, et plus bas un ange tenant un encensoir. Les nervures de la voûte sont décorées chacune de vingt-deux statuettes de personnages assis.

La porte intérieure est divisée par un trumeau portant une statue, et de chaque côté de la porte sont cinq statues colossales; dans les voussures, cinq cordons de statuettes. Les baies latérales, tout admirables qu'elles sont, ne rivalisent pas avec cette baie centrale si magnifique, dont elles ne font que rehausser la splendeur.

Plate 55

55. Central Bay.

Baie centrale.

56. Statues on the left of the Central Bay.

This plate, besides giving another view of the graceful arcades between the bays, shows the two large statues on the left pillar of the central bay. They are (1) a man holding a sceptre or wand in his left hand, the right being on his breast; he wears the round Jewish cap we have frequently noticed (cf. p. 50); (2) a beautiful statue of a woman, wearing a headdress which we have already remarked on several statuettes of the Active Life, and which was worn by ladies in the 13th century. It is interesting to compare these costumes with those of the statues on the west front; here they are comparatively simple, without the embroideries and jewels with which the earlier ones are so lavishly adorned, but they are very graceful in line.

The Abbé Bulteau supposes these statues to be Philippe Hurepel, count of Boulogne, and his wife Mahaut, both contributors to the cost of the porch. But we have seen (p. 24) how improbable are these identifications of the statues with contemporaries, and we can see absolutely no foundation for this one, especially as the statues would then have no connection with the Biblical episodes carved on the pedestals, which are scenes from the life of David (pl. 58 *a*).

---

56. Statues à gauche de la Baie Centrale.

Cette planche montre, avec les arcades de la porte gauche, les deux grandes statues qui sont sur le pilier de gauche de la porte centrale. Ce sont (1) un homme tenant un sceptre ou une baguette de la main gauche, la droite étant sur sa poitrine; il est coiffé de la calotte juive (p. 50); (2) une très belle statue de femme, coiffée de la barrette en usage chez les dames du 13e siècle, et que nous avons vue sur plusieurs statuettes de la Vie active. Il est intéressant de comparer ces costumes avec ceux du portail occidental; ceux de ce porche sont relativement simples, sans broderies ni bijoux, mais très gracieux de lignes.

Ces statues seraient, selon l'abbé Bulteau, Philippe Hurepel, Comte de Boulogne, et sa femme Mahaut, donateurs du porche. Mais nous avons dit (p. 24) combien sont douteuses ces identifications avec des personnages contemporains, et on ne voit aucune raison à celle-ci, d'autant plus que les statues n'auraient alors aucun rapport avec les scènes bibliques sculptées sur les piédestaux, qui sont des épisodes de

Plate 56

56. Statues on the left of the Central Bay.
Statues à gauche de la baie centrale.

The pedestals of the two vanished statues (same pillar) likewise treat of the life of David (plate 51). The two statues were probably David and Saul; a manuscript in the Chartres Library, quoted by M. Bulteau, describes them as two kings of whom one bore a cross (David). For the two existing ones, M. Mâle suggests Jesse and his wife.

57. STATUES ON THE RIGHT OF THE CENTRAL BAY.

This view is taken in the porch, looking towards the right door. For the two statues on the left of the plate, see plate 71. The next is Elijah (plate 80). On the right is a man with a long beard, holding a censer, and a woman with veiled head. On the outer face of the pillar are two statues of men (plates 55, 65). M. Bulteau supposes these four to be Zachariah, Isabella of France (daughter of Louis VIII. and abbess of Longchamps), Louis VIII., and Jephtha or Ezekiel. But here again, such a mixture of prophets and contemporaries is unlikely. Besides, there is absolutely no evidence of the justice of these conjectures; even the costume of the woman is not necessarily

---

la vie de David (pl. 58 *a*). Les piédestaux des deux statues disparues (même pilier) ont également pour sujet la vie de David (pl. 51). Les deux statues étaient probablement David et Saül; un manuscrit de la bibliothèque de Chartres, cité par Bulteau, les décrit comme des rois, dont l'un (David) portait une croix. Quant aux deux statues de la planche, M. Mâle suggère que ce pourraient être Jessé et sa femme.

57. STATUES À DROITE DE LA BAIE CENTRALE.

La vue est prise dans le porche en regardant vers la porte de droite. Pour les deux statues à gauche de la planche, v. pl. 71. La suivante est Elie (v. pl. 80). Puis, à droite, un homme à longue barbe tenant un encensoir, et une femme, la tête voilée. Selon l'abbé Bulteau, ce seraient Zacharie et Isabelle de France, fille de Louis VIII. et abbesse de Longchamps ; les deux statues sur la face extérieure du pilier (pl. 55, 65) seraient Louis VIII. et Jephthé ou Ezéchiel. Mais ici encore, comment croire à un tel mélange de prophètes et de personnages contemporains ! Du reste, il n'y a aucun indice de la vérité de ces conjectures : même le costume de la femme n'est pas

Plate 57

57. Statues on the right of the Central Bay.
Statues à droite de la baie centrale.

that of a nun, for we have seen some of the statuettes of the Active Life quite similarly veiled, with folds of stuff closely enfolding the chin.   The conjecture of M. Mâle[1] is preferable, based as it is on the subject of the pedestals, which on this porch and on the South have an intimate connection with the statues.   The pedestals of these four have scenes from the life of Samuel.   One of them shows Samuel brought by his parents before Eli, the four figures having the names written underneath.   M. Mâle therefore supposes that the two statues on this plate are Eli (with the priest's censer) and Hannah (the figure entitled "Anna" in the bas-relief holds a book, like the statue) and the two others (on plates 55, 65) Elkanah and Samuel.

The pedestals on the right represent (1) the ark hanging in the temple of Dagon, and the fall of the idol; the ark contains (according to Bulteau) the tables of the law, the measure for the manna, and Aaron's rod.   (2) The return of the ark, on a cart drawn by oxen.

---

nécessairement un costume de religieuse, nous avons vu des voiles semblables, avec des plis d'étoffe encadrant le menton, à des statuettes de la Vie active.   Nous accepterons plus volontiers la conjecture de M. Mâle[1] appuyée sur le sujet des piédestaux, qui, sur ce porche et celui du sud, ont un rapport intime avec les statues.   Les piédestaux de ces quatre statues portent des scènes de la vie de Samuel.   L'un d'eux montre Samuel amené par son père et sa mère devant Eli, les quatre personnages ayant leurs noms inscrits dessous. M. Mâle suppose donc que nous avons ici Eli (avec l'encensoir du prêtre) et Anna (la petite figure désignée sous le nom d'Anna dans le bas-relief porte un livre comme la statue), et les deux autres (pl. 55, 65) seraient Elcana et Samuel.

Les bas-reliefs des piédestaux, à droite de la planche, figure (1) l'arche suspendue dans le temple de Dagon et l'idole renversée ; l'arche contient, selon Bulteau, les tables de la loi, le vase pour mesurer la manne, et la verge d'Aaron, (2) le retour de l'arche, sur un chariot trainé par des bœufs.

[1] *L'art religieux*, p. 386 etc.

Plate 58

58. Pedestals and plinths of the pillars of the Central Bay. (*a*) Left. (*b*) Right.

Piédestaux et plinthes des piliers de la baie centrale: (*a*) Gauche. (*b*) Droite.

58. PEDESTALS AND PLINTHS OF THE PILLARS OF THE CENTRAL BAY.   (*a*) LEFT.   (*b*) RIGHT.

The pedestals of the statues on the porch, all similar, are of a curious form, not elsewhere found, and more original than beautiful. They consist of engaged shafts, with bases and capitals, standing on square plinths; instead of the usual base mouldings, they have what closely resemble ornamented capitals. Above these are arcades with trefoil arches, under which are carved figures. The short shafts are either plain or, as here, decorated in low relief, and have a very large cable moulding for a necking placed immediately below the capital.

The pedestals of the left pillar (*a*) represent the anointing of David by Samuel, and David playing the harp before Saul (the latter figure is broken). Those of the right pillar (*b*) represent Eli speaking to Samuel, and Samuel kneeling before the altar. The plinths of this pillar are carved with graceful sprays of leaves and flowers.

---

58. PIÉDESTAUX ET PLINTHES DES PILIERS DE LA BAIE CENTRALE: (*a*) GAUCHE, (*b*) DROITE.

Les piédestaux des statues du porche, tous semblables, sont d'une forme très curieuse qu'on ne trouve pas ailleurs; elle est originale plutôt que belle. Des colonnes avec bases et chapiteaux reposent sur des plinthes carrées. Sur la base est placé une sorte de chapiteau; au-dessus de celui-ci, des colonnettes supportant des arcades trilobées, sous lesquelles sont sculptées de petites statuettes; puis un fût court, tantôt uni, tantôt, comme ici, sculpté en bas-relief, surmonté d'une torsade placée juste au-dessous du chapiteau.

Les piédestaux du pilier gauche (*a*) représentent le sacre de David par Samuel, et David jouant de la harpe devant Saül (brisé). Ceux du pilier droit (*b*) représentent Eli qui parle avec Samuel, et Samuel agenouillé devant l'autel. Les plinthes de ce pilier sont sculptées de jolies branches fleuries.

Plate 59

59. Central Bay: the Creation (left side of arch).

Baie centrale: la Création (côté gauche de l'arche).

59. CENTRAL BAY: THE CREATION (LEFT SIDE OF ARCH).

(1) At the bottom, on the left, the Creator is seated. He has the features of a man in the prime of life, and is therefore not God the Father but God the Son, as the Creator is usually conceived in the Middle Ages[1], according to the verse of St John's Gospel in which it is said that all things were made by the Word. On the right a series of undulations represents the Heavens, a shapeless mass the Earth.

(2) A man seated with his head leaning on his left hand, and his right holding a book which lies open on his knees. It is not God, for he has not the cruciform nimbus : Didron[2] suggests Moses composing the book of Genesis. Opposite him are Day and Night. Day, a man carrying a torch, leads by the hand Night, a woman whose head is half veiled in clouds and who holds the moon.

(3) Creation of the firmament, and of the angels whom tradition declared to have been created at the same time ; two angels separate the waters above and the waters below. In the outer row is again the Creator.

---

59. BAIE CENTRALE : LA CRÉATION (CÔTÉ GAUCHE DE L'ARCHE).

(1) En bas à gauche, le Créateur est assis. Il a les traits d'un homme à la fleur de l'âge, c'est donc Dieu le Fils, comme on représente ordinairement le Créateur au moyen âge[1], suivant le verset de Jean où il est dit que toutes les choses ont été faites par le Verbe. A droite, une série d'ondulations figure les cieux ; une masse informe, la terre.

(2) Un homme assis, la tête appuyée sur la main gauche, la droite tenant un livre qui est ouvert sur ses genoux. Ce n'est pas Dieu, car il n'a pas le nimbe crucifère : Didron propose Moïse, méditant le livre de Génèse[2]. En face, le Jour et la Nuit. Le Jour (à droite), un homme qui porte un flambeau, conduit par la main la Nuit, une femme dont la tête est à moitié voilée de nuages et qui porte la lune.

(3) Création du firmament, et des anges, que la tradition déclarait avoir été créés en même temps que le firmament. Deux anges séparent les eaux de dessus et les eaux de dessous. Dans le cordon extérieur est encore le Créateur.

[1] Cf. Didron, *Iconographie chrétienne*, p. 182.
[2] *Annales Archéologiques*, vol. IX. p. 54.

(4) Creation of plants. The most conspicuous is a fig-tree, boldly and gracefully drawn.

(5) Creation of the sun and moon: two angels holding discs of which one is curiously fluted. The Creator in the outer row likewise holds a disc.

(6) Creation of birds and fishes: the birds are delightful. In the outer row, the Creator speaks to a nude figure. M. Bulteau suggests that the figure represents the Ocean, but it is possible that the group is out of its place (like certain others of which we shall speak), and that the figure is Adam[1].

(7) Creation of animals.

On the ribs of the vault are twenty-two seated figures, men and women, holding scrolls or books; we do not know what they are intended to represent.

[1] Possibly this scene should come *after* the next three of the outer row: we should then have (6) God creating the birds and fishes, (7) creating the animals, (8) the creation of Adam, with the Garden of Eden in the inner row, (9) the Creator giving Adam dominion over the animals.

---

(4) Création des plantes; on y reconnaît le figuier, dessiné avec beaucoup de hardiesse et de grâce.

(5) Création du soleil et de la lune: deux anges portant des disques, dont celui de gauche est curieusement cannelé. Dans le cordon extérieur, le Créateur tient aussi un disque.

(6) Création des oiseaux et des poissons—les oiseaux sont délicieux. Dans le cordon intérieur, le Créateur parle à un homme nu. Bulteau suggère qu'il représente l'Océan, mais il est possible que le groupe soit déplacé (comme certains autres dont nous allons parler) et que l'homme soit Adam[1].

(7) Création des animaux.

Sur les arcs-doubleaux de la voûte il y a vingt-deux statuettes d'hommes et de femmes, assis, tenant des banderoles ou des livres; nous n'en connaissons pas la signification.

[1] Ainsi, il se peut que cette scène doive se trouver après les trois suivantes du cordon extérieur; on aurait alors (6) Dieu créant les oiseaux et les poissons, (7) Dieu créant les animaux, (8) La création d'Adam, avec le jardin d'Eden dans le cordon intérieur, (9) le Créateur donne à Adam la domination sur les animaux.

60. THE CREATION (CENTRE OF ARCH).

(8) After the creation of animals, God blesses Paradise.

(9) Next, in the outer order, is the creation of man. God is holding the head of Adam and seems to fashion it; the upper part of the body is formed, the lower part is still shapeless clay.

The following scenes, on the other side of the arch, according to the ingenious and probable suggestion of Bulteau, are not in their proper succession; the first and the fourth of the outer order have been transposed, and the creation of woman should not come here. Supposing therefore that the fourth scene, that of Adam standing, follows next, we have

(1) Adam giving names to the animals who are in the inner order.

(2) The four rivers of Paradise, represented by men (two in each order) holding urns from which the waters flow.

(3) God (holding a book) places Adam in Paradise.

---

60. CRÉATION (HAUT DE L'ARCHE).

(8) Après la création des animaux, Dieu bénit le Paradis.

(9) Ensuite, dans le cordon extérieur, c'est la création de l'homme. Dieu tient la tête d'Adam, qu'il semble façonner; la partie supérieure du corps est modelée, le reste est encore informe.

Les épisodes suivants, de l'autre côté de l'arche, selon la conjecture ingénieuse et probable de Bulteau, ne sont pas tout à fait dans leur ordre: le premier et le quatrième du cordon extérieur ont été transposés, et la création de la femme ne vient pas encore. Supposant donc que la quatrième scène, celle d'Adam debout, suive ici, nous avons

(1) Adam qui donne les noms aux animaux du cordon intérieur.

(2) Les quatre fleuves du Paradis, des figures d'hommes (deux dans chaque cordon) tenant des amphores d'où s'écoulent les eaux.

(3) Dieu, tenant un livre, place Adam dans le Paradis.

Plate 60

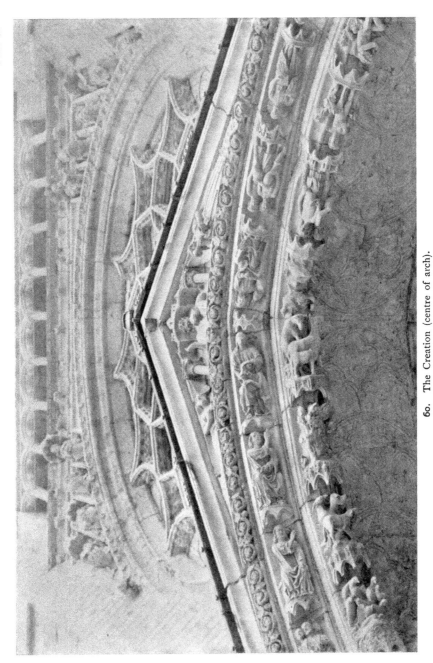

60. The Creation (centre of arch).
La Création (haut de l'arche).

61. CREATION (RIGHT SIDE OF ARCH).

Taking the first scene of the outer order here in the place of the fourth, we have

(4) The Creation of Woman. In the inner order Adam is asleep; in the outer, God has fashioned Eve and leads her by the hand (plate 60).

(5) The Temptation (plate 62).

(6) Adam and Eve hiding themselves (plate 63).

(7) Adam and Eve appearing before God (plate 63).

(8) Their expulsion from Paradise (plate 64).

(9) Their labours after the fall (plate 64).

We give three plates of these scenes on a larger scale.

---

61. CRÉATION (CÔTÉ DROIT DE L'ARCHE).

Supposant donc que la première scène du cordon extérieur suive ici à la place du quatrième, nous avons

(4) La création de la femme; dans le cordon intérieur, Adam est endormi; dans le cordon extérieur, Dieu a façonné Ève, qu'il tient par la main (v. pl. 60).

(5) La Tentation (pl. 62).

(6) Adam et Ève se cachent (pl. 63).

(7) Ils apparaissent devant Dieu (pl. 63).

(8) L'expulsion du Paradis (pl. 64).

(9) Les labeurs d'Adam et d'Ève (pl. 64).

Nous donnons trois planches illustrant ces scènes en plus grand.

Plate 61

61. The Creation (right side of arch).
La Création (côté droit de l'arche).

62. Scenes from the Creation: the Temptation.

The serpent is twined round the tree of knowledge; he has the shoulders and arms of a man, the head of a devil, rising over the tree. Eve (as far as one can make out, for the arms are broken) has plucked the apple and offers it to Adam. Adam's air of perplexity and hesitation is well rendered.

---

62. Scènes de la Création: la Tentation.

Le serpent est enroulé autour de l'arbre de science; il a les épaules et les bras d'un homme, sa tête de démon s'élève au-dessus de l'arbre. Ève, sans doute, a cueilli la pomme et l'offre à Adam (les bras sont brisés). Adam semble perplexe, hésitant.

Plate 62

62. Scenes from the Creation. The Temptation.
Scènes de la Création. La Tentation.

63. SCENES FROM THE CREATION: THE FALL.

In the first, Adam and Eve are hiding under the trees from God who calls them. In the second, they appear before God, ashamed and abashed, covering themselves with fig-leaves. The devil in the form of a dragon is crawling at their feet.

---

63. SCÈNES DE LA CRÉATION: LA CHUTE.

Dans la première scène, Adam et Ève se cachent, sous les feuillages, à Dieu qui les appelle. Dans la suivante, ils apparaissent devant Dieu, l'air honteux et penaud, se couvrant de feuilles de figuier ; le diable, sous la forme d'un dragon, rampe à leurs pieds.

Plate 63

63. Scenes from the Creation. The Fall.

Scènes de la Création. La Chute.

64. Scenes from the Creation. The Expulsion.

The first is the expulsion from Paradise; Adam and Eve leave
the garden, driven out by the angel with the sword.   In the following scene, Adam is digging, Eve spinning: the Creator blesses them.
Behind the Creator is seen the grinning head of a gargoyle.

---

64.   Scènes de la Création: l'Expulsion du Paradis.

La première scène figure l'expulsion; Adam et Ève quittent le
jardin, chassés par l'ange avec le glaive.   Ensuite, Adam bêche la
terre.   Ève file avec un quenouille; le Créateur les bénit.
Derrière le Créateur on voit la tête grimaçante d'une gargouille.

Plate 64

64. Scenes from the Creation. The Expulsion.

Scènes de la Création. L'Expulsion du Paradis.

65. Central Doorway.

This door is divided into two by a trumeau or central pier, bearing a colossal statue of St Anne (plate 66). On the pedestal is a scene, greatly defaced, in which Joachim, keeping his flocks, receives from Gabriel the promise of the birth of Mary.

The lintel, of which we have unfortunately no larger illustration[1], represents the death and resurrection of the Virgin. On the left, she is lying on a couch, clothed and veiled, with the apostles round her; her soul, in the form of a child, has flown up to the arms of Jesus. On the right, angels are raising her body, and two others are carrying in a napkin her soul, which is about to be reunited to the body.

For the tympanum, which represents her coronation, and the sculptures of the arch, see plate 67 and page 152.

---

[1] At the time of our last visit to Chartres, Sept. 1906, the porch was covered with scaffolding, in view, we suppose, of a projected restoration, so that photography in it is likely to be impossible for years to come.

---

65. Porte centrale.

Cette porte est divisée en deux par un trumeau, avec une statue colossale de Ste Anne (v. planche 66). Sur le piédestal sont les restes très mutilés d'une scène où Joachim, faisant paître ses brebis, reçoit de Gabriel la promesse de la naissance de Marie.

Le linteau, dont nous n'avons malheureusement pas pu faire de photographie[1], représente la mort et la résurrection de Marie. A gauche elle est couchée sur son lit, habillée et voilée, entourée des apôtres; son âme, sous la forme d'un petit enfant, s'est envolée dans les bras du Fils. A droite, des anges soulèvent son corps et d'autres portent dans un voile son âme qui va se réunir au corps.

Pour le tympan qui figure son couronnement, et les voussures, voyez planche 67 et page 152.

---

[1] Lors de notre dernière visite à Chartres (1906) tout le porche nord était masqué d'échafaudages, en vue, sans doute, d'une prochaine restauration, de sorte qu'il était impossible,—et probablement ce sera ainsi pendant des années—d'y prendre quoi que ce soit.

Plate 65

65. Central Doorway.

Porte centrale.

66. Trumeau of the Central Door.

This trumeau (or central pier) is usually occupied (for instance at Paris, Reims and Amiens) by a statue of the Virgin with the Child. Here, to honour St Anne, whose relics were brought to Chartres in 1205, it is her statue which is placed on the pillar, with the infant Mary in her arms. The child is holding a book; its face is broken off. The head of St Anne is very fine: it is that of an elderly woman, grave and dignified.

---

66. Trumeau de la Porte Centrale.

Ce trumeau est ordinairement (par exemple, à Paris, à Reims, à Amiens) occupé d'une statue de la Vierge avec l'Enfant Jésus. Ici, pour honorer Ste Anne, dont la tête fut apportée à Chartres en 1205, on a mis sur le trumeau sa statue, avec la Vierge enfant dans ses bras. L'enfant tient un livre; la tête est brisée. La tête de la mère est très belle, c'est celle d'une femme âgée, grave et digne.

Plate 66

66. Trumeau of the Central Door.

Trumeau de la porte centrale.

67. Tympanum of the Central Doorway.

The tympanum represents the coronation of the Virgin. Under a trefoil arch supported on columns, Jesus and the Virgin are seated on thrones side by side; the Virgin is crowned, and her Son blesses her. Above, two angels are swinging censers, and an angel kneels on each side.

For the lintel, see plate 65.

The first order of the arch contains twelve angels, the second ten prophets. The third and fourth represent the ancestors of Mary, in the branches of "Jesse's stem." The stem springs from between the feet of Jesse (plate 69) at the bottom of the fourth order, on the left, and divides into two branches which intertwine so as to encircle each of the twenty-six figures of the two orders. Finally, the fifth order has sixteen statuettes of prophets.

67. Tympan central.

C'est le Couronnement de la Vierge. Sous un arc trilobé supporté par des colonnes, Jésus et la Vierge sont assis sur des trônes, l'un à côté de l'autre; la Vierge est couronnée et son Fils la bénit. Au-dessus, deux anges les encensent, et un ange est agenouillé de chaque côté.

Pour le linteau, v. planche 65.

Le premier cordon de la voussure contient douze anges, le second dix prophètes. Le troisième et le quatrième renferment les ancêtres de Marie, entre les branches de l'arbre de Jessé. La tige commence entre les pieds de Jessé (v. planche 69) dans le bas du quatrième cordon à gauche, et se divise en deux branches qui s'enlacent de manière à encadrer chacun des vingt-six personnages des deux cordons. Enfin, le cinquième cordon a seize statuettes de prophètes.

Plate 67

67. Tympanum of the Central Doorway.

Tympan central.

68. LEFT SIDE OF THE CENTRAL DOOR.

The five large statues are the Patriarchs (plate 69). The columns on which they stand are twisted, of beautiful design, with exquisite sprays of foliage at the top, looking as if thrown carelessly down. Note also the fine decoration of the plinths of the pillars supporting the porch, and in particular a graceful trail of ivy, reproduced on a larger scale in plate 93. Above the statues are seen the lowest figures of the arch.

---

68. CÔTÉ GAUCHE DE LA PORTE CENTRALE.

Les cinq grandes statues représentent des Patriarches (planche 69). Les fûts qui portent ces statues sont tors, d'un très joli dessin, et dans le haut des fûts, comme jetées par hasard, on voit des branches d'un feuillage exquis. Notez aussi la belle décoration des plinthes des piliers qui soutiennent le porche, et en particulier une branche de lierre très gracieuse, que nous reproduisons en plus grand sur la planche 93. Au-dessus des statues on voit les figures inférieures des voussures.

Plate 68

68. Left side of the Central Door.
Côté gauche de la porte centrale.

69. Statues of the Patriarchs (left of Central Door).

(1) The first on the left is Melchizedek.   Being both priest and
king, and giving bread and wine, he is a type of Christ, who is "a
priest for ever after the order of Melchizedek" (Ps. cx. 4).   He wears
a long robe with a knotted rope girdle, and a conical tiara (cf. p. 162)
encircled with a crown.   In his left hand is a chalice covered with a
paten on which is a round loaf; in his right, a censer.   Beneath his
feet is a lamb.

(2) Abraham.   His right hand holds the knife (of which only
the handle remains): his left caresses the head of Isaac, whose hands
and feet are bound; under their feet is the ram caught in a thicket.
The sacrifice of Isaac is a type of the sacrifice of the Son of God.

(3) Moses.   His left hand holds the tables of the law, and a
pillar with a capital round which is coiled the brazen serpent; his
right points to the serpent.   Another symbol of Christ, as we read

---

**69. Statues des Patriarches (à gauche de la
Porte Centrale).**

(1) Le premier à gauche est Melchisédech.   En tant qu'il était
et prêtre et roi, qu'il donnait le pain et le vin, c'est un prototype
du Christ, qui est "prêtre pour toujours selon l'ordre de Melchisédech"(Ps. cx. 4).   Il porte une longue robe ceinte d'une corde nouée,
et la tiare conique (voyez p. 162) avec une couronne.   Il tient à la
main gauche un calice couvert d'une patène sur lequel est un pain :
à la droite, un encensoir.   Sous ses pieds est l'agneau.

(2) Abraham : la main droite tient un couteau dont il ne reste
que le manche.   La gauche caresse la tête d'Isaac, qui a les mains et
les pieds liés; sous leurs pieds est le bélier retenu dans un buisson.
Le sacrifice d'Isaac est l'emblème du sacrifice du Fils divin.

(3) Moïse : la main gauche tient les tables de la loi et un fût
de colonne avec chapiteau autour duquel est enroulé le serpent
d'airain; la droite indique le serpent, symbole du Christ, comme on

Plate 69

69. Statues of the Patriarchs (left of central door).

Statues des Patriarches (à gauche de la porte centrale).

in John iii. 14 "As Moses lifted up the serpent in the wilderness, even so must the Son of Man be lifted up." Under the feet of Moses is the Golden Calf.

(4) Samuel, with the lamb which he is about to sacrifice; under his feet is David. The lamb of the sacrifice is of course another type of Christ.

(5) David, who carries the instruments of the Passion which he foretold—in his right hand the lance, in his left the crown of thorns (now broken and scarcely recognizable). He is a type of Christ as being, like him, the "Lord's anointed" through his consecration by Samuel. Under his feet is the "lion of the tribe of Judah" (Rev. v. 5).

All these patriarchs wear a halo, which is only rarely given to Old Testament worthies[1].

The figure of Melchizedek is particularly fine and well placed, as the head stands out boldly against the deep shadow of the further

---

lit dans l'évangile de Jean iii. 14 "Sicut Moyses exaltavit serpentem in deserto, ita exaltari oportet Filium hominis." Sous les pieds de Moïse est le Veau d'or.

(4) Samuel avec l'agneau qu'il va sacrifier; sous ses pieds est David. Il va sans dire que l'agneau du sacrifice est encore un symbole du Christ.

(5) David, qui porte les instruments de la Passion qu'il prédit: à la main droite la lance, dans la gauche la couronne d'épines (brisée et à peine reconnaissable). Il est un prototype du Christ en tant qu'il est, comme lui, "l'oint du Seigneur," étant consacré par Samuel. Sous ses pieds est le "lion de la tribu de Juda" (Apoc. v. 5).

Tous ces patriarches ont le nimbe, qui n'est accordé que rarement aux personnages de l'Ancien Testament[1].

La statue de Melchisédech est particulièrement belle et bien placée, puisque la tête se dessine vigoureusement sur l'ombre profonde de la

[1] Didron, *Iconographie chrétienne*, p. 61 et seq.

doorway. There is perhaps too much similarity in these heads, especially the second, third and fourth, and the faces are lacking in expression. It may be admitted also that some of the heads are disproportionately large. But after making all reservations, we must agree with M. Mâle, that these statues are to be counted among the most remarkable of the Middle Ages. "They seem" he says "to belong to another race than ours, they are so superhuman. You would think they were moulded from primeval clay, and coeval with the first days of the earth. The art of the early 13th century, unskilled in rendering the character of the individual, expresses powerfully the universal and eternal element that is in every human face[1]."

baie voisine. Il y a peut-être un peu trop de similitude entre ces têtes, surtout entre la deuxième, troisième et quatrième, et les figures manquent d'expression. Il faut admettre aussi que plusieurs des têtes sont d'une longueur démesurée. Mais malgré toutes les réserves on accordera avec M. Mâle[1] que ces statues comptent parmi les plus extraordinaires du moyen âge. "Elles semblent, dit-il, appartenir à une autre humanité, tant elles sont surhumaines. On les dirait pétries avec le limon primitif, contemporaines des premiers jours du monde. L'art du commencement du 13e siècle, malhabile à rendre le caractère de l'individu, exprime puissamment ce qu'il y a, dans toute figure humaine, d'universel, d'éternel[1]."

[1] *L'art religieux*, p. 184.

70. Heads of Samuel and David.

These heads are totally different in character from those of the West front. The latter have usually rather square faces (see, for instance, those on plate 33), whilst the faces on the North porch are long and oval. The twelfth-century statues strike one by their appearance of reality, as if the artist had carved faces that he actually saw round him. Here the features are more conventional, more classical.

---

70. Têtes de Samuel et de David.

Le caractère de ces têtes est tout différent de celui des statues de la façade occidentale. Celles-là ont pour la plupart le visage carré (v. par exemple celles de la planche 33) tandis que celles de ce porche nord l'ont allongé, ovale. Les figures des statues du 12ᵉ siècle vous frappent par leur air de vérité; on devine que le sculpteur avait copié les traits qu'il voyait autour de lui. Ici les traits sont plus conventionnels, plus classiques.

Plate 70

70. Heads of Samuel and David.

Têtes de Samuel et de David.

71. Right side of the Central Door.

On the right side are also five statues, mostly representing prophets. The figure on the left of the plate is Elisha (see plate 51), placed between the left and centre doors. The next figure seen on the plate is Melchizedek (plate 69), and then follow the five prophets.

(1) Isaiah. Below him is Jesse's stem, and Isaiah holds the branch from it, as having foretold that "there shall come forth a rod out of the stem of Jesse," etc. (Is. xi. 1).

(2) Jeremiah (plate 72), carrying a Greek cross with a halo, a symbol of Christ. The figure on the pedestal is perhaps one of the Jews who stoned him.

(3) Simeon, with the child Jesus in his arms, an unknown figure on the pedestal.

(4) John the Baptist, with the Agnus Dei (plate 73); under his feet is a dragon typifying Vice (plate 74).

(5) Peter, in the costume of a Pope (plate 73), with the conical tiara worn by Popes in the 13th century, and the rational (a square

---

71. Côté droit de la Porte Centrale.

Du côté droit sont encore cinq statues, des prophètes pour la plupart. La figure qu'on voit à l'extrémité gauche de la planche est Elisée (planche 51), placé entre les portes de gauche et du centre. La statue suivante est Melchisédech (planche 69), et puis viennent les cinq prophètes:

(1) Isaïe. Sur le piédestal est l'arbre de Jessé, et Isaïe en tient la branche, comme ayant prédit que "virga egredietur de radice Jesse" etc. (Isaïe xi. 1).

(2) Jérémie (planche 72) portant la croix grecque nimbée, symbole du Christ. La figure, sur le piédestal, est peut-être un des Juifs qui le lapidèrent.

(3) Siméon, avec l'Enfant Jésus, sous ses pieds une figure inconnue.

(4) Jean Baptiste (planche 73) avec l'Agnus Dei; sous ses pieds un dragon, emblème du vice (planche 74).

(5) Pierre (planche 73) en costume pontifical, avec la tiare conique portée par les Papes au 13e siècle, et le rational (morceau

Plate 71

71. Right side of the Central Door.
Côté droit de la porte centrale.

of stuff adorned with twelve precious stones). He carries the keys and pastoral staff, and a broken chalice of which only the foot remains. He is standing on a rock.

72.   HEAD OF JEREMIAH.

Like that of most of these statues, the face lacks character; it is calm and gentle, but how little it suggests Jeremiah! Compare with this commonplace presentation the head of Jeremiah on the West front (plate 34); it is ugly, even grotesque, but how much better the sculptor has expressed the ascetic, the prophet of mourning, of wrath, of bitterness! One can see how the art of the 13th century, while giving more beauty and regularity to the features, was unable to give the impression of life and energy which we receive from the more primitive art of the 12th century.

The capitals, carved with a beautiful spray of conventionalized oak, are worthy of note, as is also the design and carving of the Greek cross carried by Jeremiah.

---

d'étoffe carré, orné de douze pierres précieuses). Il porte les clefs et le bâton pastoral, et un calice brisé dont il ne reste que le pied; il est debout sur un rocher.

72.   TÊTE DE JÉRÉMIE.

Comme dans la plupart de ces statues du porche nord, cette tête manque de caractère; elle est calme, douce, mais combien peu c'est Jérémie! Comparez, avec cette représentation banale, la tête de Jérémie sur le portail occidental (planche 34): elle est laide, bizarre, mais combien mieux on a su exprimer l'ascète, le prophète de colère, de larmes, d'amertume! On voit comment l'art du 13ᵉ siècle, en embellissant, en régularisant les traits, a été impuissant à donner l'impression de vie, d'énergie, que donne l'art bien plus naïf du 12ᵉ siècle.

Les chapiteaux, sculptés d'une branche de chêne stylisé, sont dignes de remarque, de même que la jolie décoration de la croix grecque, que porte Jérémie.

Plate 72

72. Head of Jeremiah.
Tête de Jérémie.

73. HEADS OF JOHN THE BAPTIST AND PETER.

The head of John is one of the weakest on the porch; the prophet looks almost imbecile. The sculptor had as little idea of expressing his character as that of Jeremiah. That of Peter is much better; it has energy and grandeur, and like Melchizedek stands out in relief against the shadow of the next doorway. The details of dress are carefully rendered—the camel's hair of John's garment, and the ribbed and checked stuff of Peter's tiara.

---

73. TÊTES DE JEAN BAPTISTE ET DE PIERRE.

La tête de Jean est une des plus faibles de ce porche, le prophète à l'air presque idiot. Le sculpteur a songé aussi peu à lui donner du caractère qu'a Jérémie. Celle de Pierre vaut beaucoup mieux; elle a de l'énergie, de la grandeur, et, comme celle de Melchisédech, ressort vivement contre l'ombre de la baie. Les détails des vêtements sont soigneusement rendus—la tunique de poil de chameau de S. Jean, l'étoffe côtelée et quadrillée de la tiare de S. Pierre.

Plate 73

73. Heads of John the Baptist and Peter.

Têtes de Jean Baptiste et de Pierre.

74. Dragon under John the Baptist.

The dragon symbolizes Vice, denounced by John. The carving of the dragon is as bold and successful as that of John's head is feeble. The coils of its body are full of life, and its head, uplifted and showing the teeth, seems ready to dart forward. Compare this beast with the dragon on plate 63, a somewhat similar animal in the same attitude. This is a much sturdier beast, there is strength and ferocity in its claws, and its head is more menacing than the dog-like head of the other (probably later) dragon.

---

74. Dragon sous la statue de Jean Baptiste.

Ce dragon symbolise le Vice, flétri par S. Jean. Autant la sculpture de la tête du Saint est faible, autant celle du dragon est pleine de hardiesse et bien réussie. Les ondulations du corps sont admirables de vie, la tête est levée, comme prête à s'élancer pour l'attaque. Comparez celui-ci avec le dragon de la planche 63, un animal assez semblable, dans la même attitude. Ici c'est une bête bien plus vigoureuse, il y a de la force, de la férocité dans ses griffes, la tête est bien autrement menaçante que la tête de chien de l'autre dragon (qui est probablement d'une date plus récente).

Plate 74

74. Dragon under John the Baptist.

Dragon sous la statue de Jean Baptiste.

75. Right Bay.

On each side of the bay are two large statues of men, the first and third being crowned. We are unable to identify them[1]. The pedestals are carved with representations of the Arts (plate 77). Round the arch are the labours of the months and the signs of the zodiac. In the gable is a bishop with two angels censing, and on each side of the arch is a seated figure of a king. At the ends of the two ribs on the vault of the porch are seated figures holding books.

[1] Bulteau, with as little grounds as in the previous cases, suggests Ferdinand of Castile, Barak, St Louis and Tobias.

---

75. Baie de droite.

De chaque côté de la baie sont deux grandes statues d'hommes, la première et la troisième étant des rois. Nous ne pouvons pas les identifier[1]. Les piédestaux portent des représentations des Arts (planche 77). Autour de l'arche sont les Travaux de l'Année et le Zodiaque. Dans le gâble est un évêque entre deux anges thurifé-raires, et de chaque côté de l'arche est un roi assis. Au bas des arcs-doubleaux de la voûte sont quatre statuettes de personnages assis, portant des livres.

[1] Bulteau, avec aussi peu d'évidence que dans les cas précédents, suggère Ferdinand roi de Castile, Barak, St Louis et Tobie.

Plate 75

75. Right Bay.
Baie de droite.

76. STATUES ON THE LEFT OF THE RIGHT BAY.

The first is a king with crown and sceptre, the second a man
holding a scroll.   Neither of them has a halo.

---

76. STATUES À GAUCHE DE LA BAIE DE DROITE.

La première est un roi avec couronne et sceptre, la seconde un
homme tenant une banderole.   Ni l'un ni l'autre ne sont nimbés.

Plate 76

76. Statues on the left of the Right Bay.

Statues à gauche de la baie de droite.

77. PEDESTALS OF THE STATUES ON THE RIGHT BAY.
(*a*) LEFT. (*b*) RIGHT.

The bas-reliefs of these pedestals form a series of representations of the Arts. On the left pillar (*a*) Agriculture is represented by Adam digging, Abel keeping his flocks, and Cain ploughing. Next comes Music, represented by Jubal playing on his lyre. The next two Arts, which are not shown on the plate, are Metallurgy (Tubal Cain striking an anvil) and Medicine. On the right pillar are found Geometry or Architecture, carrying rule and compass, Painting (*b*) with a rect-angular palette, Philosophy, and Magic (*b*), a sorcerer at whose feet is a winged dragon. It will be seen that we have here no longer the limited scheme of Seven Arts as found on the West front; in addition to Music, Geometry and Philosophy, we find new arts, Agriculture, Metallurgy, Medicine, Painting, and even Magic.

Under the statuette of Painting is a beautiful vine which we reproduce on a larger scale in plate 91.

---

77. PIÉDESTAUX DES STATUES DE LA BAIE DE DROITE.
(*a*) GAUCHE, (*b*) DROITE.

Les piédestaux des statues à gauche et à droite de cette baie portent une série de représentations des Arts. Sur le pilier de gauche (*a*) l'Agriculture est figurée par Adam qui bêche, Abel qui garde les troupeaux, et Caïn qui laboure. Puis, la Musique est figurée par Jubal qui touche de sa lyre. Les Arts suivants ne sont pas sur la planche: la Métallurgie (Tubalcaïn qui frappe sur une enclume) et la Médecine. Sur le pilier de droite se trouve la Géométrie ou l'Architecture (tenant la règle et le compas), la Peinture (*b*), qui porte une palette rectangulaire, la Philosophie, et la Magie (*b*), un sorcier aux pieds duquel est un dragon ailé. Ce n'est plus, comme on voit, l'étroit cadre des Sept Arts comme ils sont figurés sur la façade occidentale; en conservant la Musique, la Géométrie, la Philosophie, on y a ajouté de nouveaux arts, l'Agriculture, la Métallurgie, la Méde-cine, la Peinture, et même la Magie.

Sous la statuette de la Peinture est un cep de vigne que nous reproduisons en plus grand sur la planche 91.

Plate 77

(*a*)

(*b*)

77. Pedestals of the statues on the Right Bay.   (*a*) Left.   (*b*) Right.

Piédestaux des statues de la baie de droite.   (*a*) Gauche.   (*b*) Droite.

78. Labours of the Months (Left side of the Arch).

It is very interesting to compare this series, as regards subject and treatment, with that on the West front (plates 11, 12). The subjects are in great measure the same[1], with some differences of season (for instance, the harvest is later). The treatment here is less ornate, there is merely the indication of the subject, a figure and implements, while the sculptor of the West front aims at making the scenes picturesque, and adds trees or foliage.

In the first order we have

(1) January—two-headed Janus holding a loaf and a cup of wine.

(2) February—a hooded figure sitting before a fire, raising his robe to warm his legs.

(3) March—a man pruning a vine.

(4) April—holding a handful of ears. On the West front, he holds a flowering branch.

(5) May—a man with a hawk on his wrist.

78. Travaux de l'Année (Côté gauche de l'Arche).

Il est très intéressant de comparer cette série, sous le double rapport des sujets et de la manière de les représenter, avec celle de la façade occidentale (planches 11, 12). Les sujets en sont à peu près les mêmes, avec quelques différences de saison (par exemple, la moisson est indiquée plus tard[1]). Ces sujets sont traités ici plus sommairement; il n'y a qu'une indication, une figure et des outils, tandis que le sculpteur du portail occidental est préoccupé de faire de jolis petits tableaux, il ajoute des arbres et des accessoires.

Dans le cordon intérieur nous trouvons

(1) Janvier—Janus à deux têtes, tenant un pain et une coupe de vin.

(2) Février—un homme encapuchonné assis devant un feu; il a relevé sa cotte pour se chauffer les jambes.

(3) Mars—un vigneron qui taille sa vigne.

(4) Avril—un homme tenant une poignée d'épis (au portail occidental, il tient des branches fleuries).

(5) Mai—un homme avec un faucon au poing.

[1] Cf. Mâle, *L'art religieux*, pp. 90—96, and Sauer, *Symbolik des Kirchengebäudes*, pp. 266—270.

Plate 78

78. Labours of the Months (left side of the arch).

Travaux de l'année (côté gauche de l'arche).

(6) June—a haymaker going to the fields, his scythe over his shoulder, a whetstone in his hand.

In the second order, at the bottom, is Winter, hooded, holding out one foot to a fire; above this are the signs of the Zodiac, from the He-goat (with a serpent's tail, as on the West front, plate 14) to the Twins.

79. LABOURS OF THE MONTHS (RIGHT SIDE OF THE ARCH).

In the first order are

(1) July—a man with a bundle of flax on his shoulder; his robe is raised as if he were about to step into water—perhaps he is steeping flax[1]. (This subject does not appear on the West front.)

(2) August—a man with a sickle and sheaf of corn (on the West front, the harvest is in July and in August the threshing, cf. plate 11).

(3) September—a vintager treading grapes.

(4) October—a man sowing seed from a bag (this subject does not appear on the West front).

---

(6) Juin—un faneur s'en allant aux champs, la faux sur l'épaule, la pierre à aiguiser à la main.

Dans le cordon extérieur, en bas, l'Hiver, en capuchon, qui lève le pied pour se chauffer à un feu, et au-dessus, les signes du Zodiaque, depuis le Bouc (à queue de serpent, comme sur la façade occidentale, planche 14) jusqu'aux Jumeaux.

79. TRAVAUX DE L'ANNÉE (CÔTÉ DROIT DE L'ARCHE).

Dans le cordon intérieur

(1) Juillet—un homme portant sur l'épaule une botte de lin; il a sa cotte relevée comme pour entrer dans l'eau—c'est peut-être le rouissage[1] (ce motif manque sur le portail ouest).

(2) Août—un homme avec une faucille et une botte d'épis (sur le portail ouest, la moisson est en juillet, et août a le battage, v. planche 11).

(3) Septembre—un vendangeur qui foule le raisin.

(4) Octobre—un homme avec un sac, qui jette les semences (ce motif manque sur le portail ouest).

[1] Bulteau, II. p. 262.

Plate 79

79. Labours of the Months (right side of the arch).

Travaux de l'année (côté droit de l'arche).

(5) November—a man knocking down acorns for his pigs (on the West front this comes in October).

(6) December—a man killing pigs (on the West front this comes in November).

In the second order are the signs of the zodiac from the Crab to the Archer (the Crab is here a cray-fish, quite different from the Crab on the West front, and the Archer, as usual, is a Centaur). At the bottom is Summer, whose light garment streams in the wind, and who carries a branch of oak.

80. Right side of the Right Door.

The statue on the left of the plate is Elijah, who is a type of Christ because of his ascension into heaven. He is standing on the wheels of the chariot of fire; below, Elisha is holding his mantle.

The three statues on the right of the door are Jesus, son of Sirach, Judith and Joseph (plate 81), those on the left, of whom we have unfortunately no illustration, are Balaam, who foretold that "there shall come a star out of Jacob," etc. (Numbers xxiv. 17), and the Queen of Sheba and Solomon (plate 85) (signifying the church

---

(5) Novembre—un homme qui abat des glands pour les porcs (sur le portail ouest, c'est en Octobre).

(6) Décembre—un homme qui abat des porcs (c'est Novembre sur le portail ouest).

Dans le cordon extérieur, les signes depuis le Cancer au Sagittaire; Cancer est ici une écrevisse, toute différente du crabe du portail occidental, et le Sagittaire, comme ordinairement, est un Centaure. En bas du cordon, l'Eté, dont le vêtement leger s'envole au vent, tient une branche de chêne.

80. Côté droit de la Porte Droite.

La statue à gauche de la planche est Elie, type du Christ par son ascension au ciel. Il est debout sur les roues du char de feu; au-dessous, Elisée relève son manteau.

Les trois statues à droite de la porte sont Jésus fils de Sirach, Judith et Joseph (planche 81); celles à gauche, dont nous n'avons pas de photographie, sont Balaam qui prédit qu'une "étoile sortirait de Jacob" (Nombres xxiv. 17) et la reine de Saba et Salomon (planche 85), symbole de l'Eglise qui accourt des extrémités du monde pour

Plate 80

80. Right side of the Right Door.
Côté droit de la porte droite.

coming from all parts of the earth to hear the word of God[1]). In the arch, on the left, are the stories of Samson, Esther (plate 86), and Tobias; on the right the continuation of the story of Tobias, and those of Judith and Gideon (plate 87).

81.　Statues on the right of the Right Door.

(1) The first on the left is Jesus son of Sirach, the author of Ecclesiasticus (the name was formerly legible on the scroll he carries). He is the type of Christ by his name, and as being a teacher. He was confused with Jeshua the son of Jozadak (Ezra iii.), who rebuilt the temple; hence the temple is shown under his feet, with a man leaning out over the top of the wall.

(2) Judith (whose history is depicted in the arch). Under her feet is a dog (the symbol, suggests Bulteau, of her fidelity to her husband's memory). She is a type of Mary as being the deliverer of her people. The statue is a beautiful one, although the cramped space left between the two adjoining figures makes it almost as narrow as the statues on the West front; the face is sedately sweet.

---

entendre la parole de Dieu[1]). Dans les voussures sont à gauche, l'histoire de Samson, d'Esther (planche 86), de Tobie; à droite, la suite de l'histoire de Tobie, l'histoire de Judith et celle de Gédéon (planche 87).

81.　Statues à droite de la Porte Droite.

(1) Jésus fils de Sirach, auteur de l'Ecclésiastique (ce nom était encore lisible au 18e siècle sur la banderole qu'il porte). C'est le type du Christ, par son nom, et comme docteur. On le confondait avec Jésus fils de Josédech, qui rebâtit le temple. Sous ses pieds est le temple, avec un homme appuyé sur le haut du mur.

(2) Judith (dont l'histoire est figurée dans la voussure au-dessus). Sous ses pieds est un chien (symbole, suggère Bulteau, de sa fidélité à la mémoire de son mari). Elle figure Marie comme étant libératrice de son peuple. La statue est très belle, quoique en raison de l'espace étroit laissé entre les deux statues voisines, elle soit presque aussi mince et allongée que celles du portail occidental; le visage est d'une douceur sereine.

[1] Mâle, *L'art religieux*, p. 190.

Plate 81

81. Statues on the right of the Right Door.
Statues à droite de la porte droite.

(3) Joseph, who is the type of Christ because he was betrayed and sold by his friends. For the pedestal, see plate 82.

82. Pedestal of the Statue of Joseph.

Under Joseph's feet is a woman bending her head to listen to a dragon who whispers in her ear—Potiphar's wife listening to the suggestions of the devil. She signifies Israel's adultery with strange gods[1] (cf. Jeremiah iii.). The dragon is rather angular and stiff compared with that under the feet of John the Baptist in the central bay (plate 74); it lacks the fire and life of the other; this artist evidently had not the same imaginative power. The statue of the woman is better, in spite of the constrained attitude imposed by the position of the figures; the listening pose and compliant expression are well rendered.

---

(3) Joseph, type du Christ en tant qu'il fut trahi et vendu par les siens. Pour le piédestal, v. planche 82.

82. Support de la statue de Joseph.

Sous la statue de Joseph est une femme inclinant la tête pour écouter un dragon qui lui parle à l'oreille. C'est la femme de Putiphar écoutant les conseils du diable; elle signifie l'adultère d'Israël avec les dieux étrangers[1] (comparez Jérémie iii.).

Le dragon est un peu angulaire et raide, auprès de celui placé sous les pieds de Jean Baptiste dans la baie centrale (planche 74); il lui manque le feu, l'énergie de celui-là; l'artiste n'avait pas évidemment la même puissance d'imagination. La statue de la femme vaut mieux, malgré l'attitude peu naturelle nécessitée par la position des sculptures; la pose attentive, l'expression complaisante sont bien rendues.

[1] Mâle, p. 189.

Plate 82

82. Pedestal of the Statue of Joseph.
Support de la statue de Joseph.

83. Right Lintel.

It represents the Judgment of Solomon, a type of Christ judging the world. The king sits on his throne; behind him, a negro is unsheathing his sword, and another officer holds the child before the king. The two women are disputing, with arms raised; on the right, men of Israel are looking on.

---

83. Linteau de droite.

C'est le jugement de Salomon, symbole du Christ qui juge le monde. Le roi est assis sur son trône. Derrière lui, un nègre tire son épée du fourreau, et un autre officier tient l'enfant devant le roi. Les deux femmes se disputent, les bras levés; à droite, quelques hommes d Israël assistent au jugement.

Plate 83

83. Right Lintel.

Linteau de droite.

84. RIGHT TYMPANUM.

In the middle, Job lies among the ashes, scraping himself with a potsherd.   His wife is sitting at his feet.   Behind, the devil with enormous ears and mouth is touching with his claws Job's head and one foot; see Job ii. 7, "And Satan smote Job with sore boils from the sole of his foot unto his crown."   The three friends of Job are on the left; one of them is exhorting him, while the two others, a little apart, seem to be talking slightingly of Job.   The attitudes of the three men are dramatic, and the sneering expression of the middle one is admirably rendered.

At the top of the tympanum is God on a cloud, accompanied by two angels.

The sufferings and victory of Job are a type of the Passion of Christ.

---

84. TYMPAN DE DROITE.

Au milieu, Job est couché sur la cendre; il se gratte avec un tesson.   Sa femme est assise à ses pieds.   Derrière, un horrible démon, à la bouche et aux oreilles énormes, lui touche avec ses griffes la tête et le pied.   Voyez Job ii. 7 "percussit Job ulcere pessimo, a planta pedis usque ad verticem ejus."   Les trois amis de Job sont à gauche; l'un d'eux l'exhorte à la patience; les deux autres, un peu à l'écart, semblent se parler de Job avec mépris.   Les attitudes de ces trois hommes sont dramatiques, et le ricanement de celui du milieu est admirablement rendu.   En haut du tympan, est Dieu sur un nuage, accompagné de deux anges.   Les souffrances et la victoire de Job symbolisent la Passion.

Plate 84

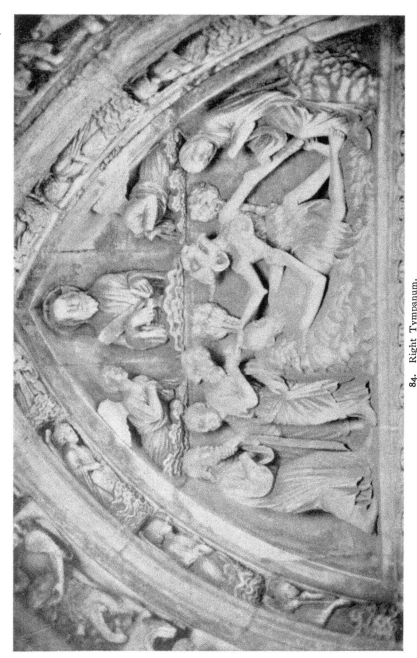

84. Right Tympanum.
Tympan de droite.

85. HEAD OF SOLOMON.

Solomon is here represented as a man in the prime of life, with curly hair and beard, wearing a jewelled crown. The face shows energy and intelligence. Here are combined the technical skill of the later sculpture with the force of the early carvings on the West Doors.

Above, in the vaulting, the story of Samson begins; his parents are offering a sacrifice. On the right is one of the twelve angels in the first order of the arch.

---

85. TÊTE DE SALOMON.

Salomon est figuré ici comme un homme dans la fleur de l'âge, aux cheveux et à la barbe bouclés, portant une couronne ornée de pierres précieuses. La figure exprime l'énergie et l'intelligence; elle réunit l'excellence technique des sculptures de ce porche avec la puissance d'expression de la statuaire plus ancienne de la façade ouest.

Au-dessus, dans la voussure, commence l'histoire de Samson; ses parents offrent un sacrifice. A droite se voit un des douze anges du premier cordon de la voussure.

Plate 85

85. Head of Solomon.

Tête de Salomon.

86.   LEFT SIDE OF THE ARCH.

The first order has six angels. The second depicts the story of Samson: (1) his parents offer sacrifice (plate 85); (2) Samson rends the lion (a type of the victory of Christ over the powers of evil); (3) he finds honey in the lion's mouth (Judges xiv. 8, 9). In the next scene, not shown here, he carries off the gates of Gaza (a symbol of Christ breaking the gates of the tomb).

The third order gives the history of Esther. On this plate are the scenes in which Esther kneels before Ahasuerus, who gives her his sceptre to kiss, and in which Mordecai speaks with Esther's chamberlain. Esther, like Judith, as redeemer of her people and deliverer of Israel, is a type of Mary[1].

------

86.   VOUSSURE (GAUCHE).

Le premier cordon a six anges. Le deuxième figure l'histoire de Samson: (1) ses parents offrent un sacrifice (planche 85); (2) Samson déchire le lion (symbole de la victoire du Christ sur les puissances du mal); (3) il trouve le miel dans la bouche du lion. Dans la scène suivante, qui n'est pas reproduite ici, il arrache les portes de Gaza (symbole du Christ qui a brisé les portes du tombeau).

Le troisième cordon contient l'histoire d'Esther. Sur cette planche on voit les scènes où Esther est agenouillée devant Assuérus, qui lui donne son sceptre à baiser, et où Mardochée parle à l'eunuque d'Esther. Esther, de même que Judith comme rédemptrice de son peuple et libératrice d'Israël, représente Marie[1].

[1] Mrs Jameson, *Legends of the Madonna*, p. xlviii.

Plate 86

86. Left side of the Arch.
Voussure (gauche).

87. RIGHT SIDE OF THE ARCH.

On the right is the story of Judith. (1) Standing on the roof of her house, she reproaches Ozias for consenting to surrender the town. (2) She kneels in prayer. In the following scenes, not here shown, (3) she leaves the town with her servant, (4) she appears before Holofernes, and (5) cuts off his head. Judith is a type of Mary (see p. 192). The crowned head at the bottom is probably that of Holofernes.

On the left is the beginning of the history of Gideon. An angel appears to him among the branches of an oak; Gideon is holding a winnowing-basket. In the following scenes, (2) he offers sacrifice, (3) he presses out the dew from the fleece, (4) he takes captive the kings of Midian. The fleece, which became wet while the ground around remained dry, is another type of the virginal conception. Gideon was, further, regarded as a type of Christ for a curious reason[1]: he had 300 men, a number represented in Greek by the letter tau (τ), which was also the symbol of the cross; therefore the victory gained by Gideon with 300 men represents the victory gained by Christ by

---

87. VOUSSURE (DROITE).

A droite, c'est l'histoire de Judith: (1) Debout sur le toit de sa maison, elle reproche à Ozias d'avoir consenti à ouvrir la porte de la ville. (2) Elle est agenouillée. Dans les scènes suivantes, elle (3) quitte la ville avec sa servante, (4) paraît devant Holopherne et (5) lui coupe la tête. Judith est un prototype de Marie (p. 192). La tête de roi qu'on voit en bas est probablement celle d'Holopherne.

A gauche, le commencement de l'histoire de Gédéon. Un ange lui apparaît dans les branches d'un chêne; il tient le van à la main. Dans les scènes suivantes (2) Gédéon sacrifie, (3) il presse la toison, et en fait sortir la rosée, (4) il tient les rois de Madian captifs. La toison, qui devint mouillée tandis que le terrain tout autour resta sec, est encore un symbole de la conception virginale. De plus, on regardait Gédéon comme un prototype du Christ pour une raison curieuse: il avait trois cents hommes, chiffre qui était représenté en grec par la lettre tau (τ), un symbole de la croix; donc, la victoire remportée par Gédéon avec 300 hommes est la victoire remportée

Plate 87

87. Right side of the Arch.
Voussure (droite).

his death on the cross[1].   Below Gideon is a dragon with a devil's head.

The fourth order depicts the story of Tobias; Tobias restoring his father's sight symbolizes Christ giving sight to the people of God who had become blind[2].

88.   STATUES OF ST POTENTIAN AND ST MODESTA.

According to tradition, St Peter sent Potentian and some others to preach the Gospel in Gaul.   Potentian came to Chartres, and there made many converts, among whom was Modesta, the daughter of the governor Quirinus.   Quirinus persecuted the followers of the new religion.   Potentian was put to death, and Modesta, refusing to abjure, was thrown into a well, " le puits des saints forts."

Potentian is in archiepiscopal dress (he was archbishop of Sens). Underneath, he and two others are shown baptizing a convert.   Below the statue of Modesta is a greatly defaced representation of two angels carrying her soul to Paradise.

It is somewhat surprising to find these statues of saints on a porch otherwise taken up by symbolical personages of the Old Testament.

---

par Christ dans sa mort sur la croix[1].   Sous Gédéon est un dragon à tête de démon.

Le cordon extérieur représente l'histoire de Tobie; Tobie rendant la vue à son père figure le Christ donnant la lumière au peuple de Dieu devenu aveugle[2].

88.   STATUES DE ST POTENTIEN ET DE STE MODESTE.

Selon la tradition, St Pierre envoya Potentien et quelques autres prêcher l'Evangile dans les Gaules.   Potentien vint à Chartres, et y fit de nombreuses conversions, entre autres Modeste, fille du gouverneur Quirinus.   Quirinus persécuta les membres de la religion nouvelle, Potentien fut martyrisé, et Modeste refusant d'abjurer fut jetée dans un puits, "le puits des saints forts."   Potentien est en costume d'archevêque (il était archevêque de Sens).

Sur le piédestal, Potentien avec deux autres baptise un converti. Le piédestal de la statue de Ste Modeste, très mutilé, représente deux anges qui emporte son âme vers le Paradis.

On est un peu surpris de trouver ces statues de saints sur un porche consacré aux personnages symboliques de l'Ancien Testament.

[1] Mâle, *L'art religieux*, p. 26.   [2] *Ib.* p. 190.

Plate 88

88. Statues of St Potentian and St Modesta.

Statues de St Potentien et de Ste Modeste.

89. Head of St Modesta.

This statue is one of the finest on the porch.   The attitude is very graceful, and the face is of maidenly sweetness and purity.

---

89. Tête de Ste Modeste.

Cette statue est une des plus belles du porche. La pose est gracieuse, et la tête de la sainte est d'une douceur candide et virginale.

Plate 89

89. Head of St Modesta.

Tête de Ste Modeste.

90. PEDESTALS OF THE STATUES OF ST POTENTIAN AND ST MODESTA.

Under the statue of Potentian, to the left of the plate, Modesta pleads with her father, the Roman governor, for the saint's life. Under the statue of Modesta is depicted her martyrdom. The carving is greatly defaced; one can distinguish the "Saints' well," beside which lies a corpse; two people, whose heads are broken off, stand on the right and left of the well, and an angel hovers above it.

91. VINE.

Among the abundant flora of Gothic sculpture, the favourite species is the vine,—as much probably on account of its symbolism, its association with the Eucharist, as of its decorative beauty. The beautiful spray shown on this plate shows the form usually given to it by the earliest sculptors who drew it, which is influenced apparently by the acanthus[1]; the leaves are three-lobed and rounded. Later on, it is drawn more naturalistically.

---

90. PIÉDESTAUX DES STATUES DE ST POTENTIEN ET DE STE MODESTE.

Sous la statue de St Potentien, à gauche de la planche, Modeste plaide devant son père, le gouverneur romain, pour la vie du saint. Sous la statue de Ste Modeste est représenté le martyre de la sainte. Cette scène est très mutilée; on distingue le "puits des saints forts" à côté duquel est étendu un cadavre; deux personnages dont les têtes sont brisées se tiennent à droite et à gauche du puits; un ange plane au-dessus.

91. CEP DE VIGNE.

De la flore gothique, si abondante, l'espèce préférée est la vigne, autant, sans doute, à cause de son symbolisme et de son association avec l'Eucharistie, que de sa beauté décorative. La jolie branche que voici montre la forme donnée aux feuilles par les premiers artistes qui ont songé à les dessiner, et qui semble modelée sur celle de l'acanthe; elles sont à trois lobes et arrondies[1]. Plus tard, on les dessine avec plus de vérité.

[1] Cloquet, "La décoration architectonique" in the *Revue de l'art chrétien*, 1901.

90. Pedestals of the statues.
Piédestaux des statues.

91. Vine.
Cep de vigne.

92. Sprays of Columbine and Buttercup.

For the position of these carvings, see plate 51.

Nothing could be more charming than the little sprays of decorative foliage strewn everywhere on the capitals, the plinths, the columns, the labels of this porch. There is nothing symbolical in them; the sculptor had no thought beyond copying, with loving care, for a purely decorative purpose, branches of trees or the flowers of the field,—arum, water-lily, plantain, clover, oak, ivy, vine, or rose. And these unpretentious flowers and leaves, which we might easily overlook, thrown into the shade as they are by the grandeur of the colossal statues, are not the least beautiful thing in thirteenth-century art, and certainly not the least original and novel. For it must be remembered that in this the artist owed nothing to his predecessors. In the matter of decorative plant forms, classical tradition offered little else than the acanthus; the artist of the thirteenth century,

---

92. Bouquets d'Ancolie et de Renoncule.

Pour la position de ces feuillages, voyez planche 51.

Rien de plus charmant que ces petits motifs décoratifs jetés sans ordre sur les chapiteaux, les plinthes, les colonnes, les archivoltes de ce porche. Ici, il n'y a rien de symbolique, le sculpteur n'a eu d'autre idée que de copier avec amour, dans un but purement décoratif, des branches d'arbres, des fleurs des champs,—l'arum, le nénuphar, le plantain, le chêne, le lierre, la vigne, le trèfle, l'églantine. Et ces humbles feuillages, qu'on pourrait facilement ne pas remarquer, éclipsés comme ils sont par la splendeur des statues colossales, ne sont pas pourtant ce qu'il y a de moins beau dans l'art du 13e siècle, ni surtout de moins original, de moins neuf. Car il faut se rappeler qu'ici le sculpteur ne doit rien à ses devanciers. La tradition classique ne lui livrait guère autre chose que l'acanthe comme motif de décoration tiré des plantes; l'artiste du 13e siècle, puisant directement dans la nature, en a tiré une flore

Plate 92

92. Sprays of Columbine and Buttercup.

seeking his inspiration in nature, drew from it an unequalled wealth of plant forms, not only including a great variety of species, but deriving from each species an infinite diversity of ornament. As M. Mâle says, the "Middle Ages, sometimes accused of not caring for Nature, on the contrary contemplated adoringly the least blade of grass[1]."

93. SPRAY OF IVY.

It is conventionalised with admirable skill, so as to fill a rectangular space, yet without being stiff or symmetrical. The leaves are arranged with a good deal of regularity, and yet there is no monotony in the arrangement. The stems have just the amount of rigidity natural to ivy-stems, and the strongly marked veins emphasize the character of the leaves.

---

d'une richesse sans égale, qui non seulement embrasse une très grande variété d'espèces, mais qui retrouve dans chaque espèce des motifs d'une diversité infinie. Comme M. Mâle a bien dit, "le moyen âge, qu'on a accusé de ne pas avoir aimé la Nature, a contemplé avec adoration le moindre brin d'herbe[1]."

93. BRANCHE DE LIERRE.

Cette jolie branche de lierre est stylisée, avec une habileté admirable, pour remplir un espace rectangulaire, sans être raide ni symétrique. Les feuilles sont disposées assez régulièrement, et cependant la disposition n'a pas de monotonie. Les tiges ont le degré de raideur qu'ont les tiges de lierre dans la nature, et les veines, très accusées, conservent aux feuilles tout leur caractère.

---

[1] *L'art religieux*, p. 72. See also Cloquet, "La décoration architectonique," in the *Revue de l'art chrétien*, 1901; Lambin, *La flore gothique* and *La flore des grandes cathédrales*, and Viollet-le-duc, *Dictionnaire*, article "Flore."

Plate 93

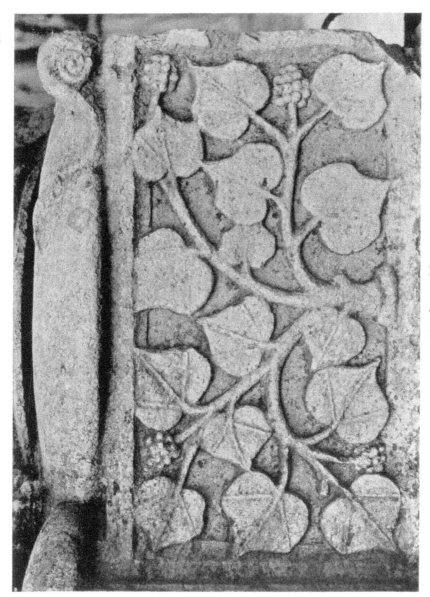

93. Spray of Ivy.

94. SOUTH TRANSEPT.

The flying buttresses on the South do not differ from those on the North side of the nave ; the statues in the niches were restored in 1865. Between the last two buttresses is built the Vendôme chapel, in Flamboyant style. It was erected in 1413 by the Count of Vendôme, in memory of his deliverance from captivity.

The South transept is similar in general arrangement to the North ; it has a porch approached by a flight of steps, above it five lancet windows, then a rose window, a gable with gallery and two pinnacles. Like the North, it is flanked by two unfinished towers. These are more ornate than the Northern towers, the sides being covered with slender colonnettes, but this decoration has not as fine an effect, in our opinion, as the simplicity of the north towers. Instead of the four lancet windows of the latter, there are here two, of twice the length.

---

94. TRANSEPT SUD.

Les arcs-boutants de la nef du côté sud ne diffèrent pas de ceux de la façade septentrionale ; les statues des niches ont été restaurées en 1865. Entre les deux derniers arcs-boutants est construite la chapelle Vendôme, dans le style flamboyant. Elle fut bâtie en 1413 par le Comte de Vendôme en actions de grâces de sa délivrance d'une captivité.

Le transept méridional est semblable, dans sa disposition générale, à celui du nord ; un porche avec perron ; au-dessus cinq lancettes, une rose, un pignon avec galerie et deux pinacles. Il est flanqué, lui aussi, de deux clochers inachevés. Ceux-ci sont plus ornés que ceux du nord, étant couverts latéralement d'une série de colonnettes hautes et élancées, mais cette décoration ne vaut pas, à notre avis, la simplicité du transept septentrional. Au lieu des quatre lancettes des clochers du côté nord, nous en avons ici deux, ayant deux fois la hauteur des autres.

Plate 94

94. South Transept.

Transept sud.

95. SOUTH PORCH.

The South porch, like the North, ranks among the masterpieces of thirteenth-century architecture. Less beautiful perhaps, and less rich in detail, the South porch has the advantage not only in lighting but in situation, being more raised and looking over a wide square. In its general plan it is a good deal similar to the North porch, having like it three bays, each surmounted by a gable containing a statue. The chief difference is the addition here of a row of eighteen statues ranged between the gables in arcades surmounted by pinnacles—six on each side of the porch, and three between the central bay and each side bay. They represent the kings of Judah, the ancestors of Christ; the first (on the West side) is David, distinguished by a "tree of Jesse" below him. Noticeable also, by contrast with the North porch, is the absence of large statues from the piers of the porch, and the bareness of the vaults and plinths. Here the piers are square, with two slender columns placed at each angle, and each of their faces is ornamented with six bas-relief medallions (plates 100, 101). These square and solid piers are less

95. PORCHE MÉRIDIONAL.

Le porche méridional, comme le porche septentrional, est parmi les chefs-d'œuvre de l'architecture du 13e siècle. Moins beau peut-être que celui du nord, et moins riche en détails, celui du sud a l'avantage non seulement de l'éclairage mais de l'emplacement, étant plus élevé et donnant sur une grande place. Dans son plan général, il est assez semblable au porche septentrional, ayant comme lui trois baies surmontées chacune d'un gâble avec statue. La différence la plus frappante est l'addition d'une galerie de dix-huit statues, placées entre les gâbles dans des arcades surmontées de clochetons—six statues de chaque côté du porche, et trois entre la baie centrale et chaque baie latérale. Ce sont les statues des rois de Juda ancêtres du Christ; le premier (côté ouest) est David, qui se reconnaît à la tige de Jessé. On remarque aussi, par contraste avec le porche nord, l'absence de grandes statues sur les piliers du porche, et de toute décoration sur les plinthes et sur les voûtes. Ici, les piliers sont carrés. À chacun de leurs angles sont placées deux colonnettes, et chaque face est ornée de six petits médaillons sculptés en bas-relief (planches 100, 101). Ces piliers solides, à surface presque unie, sont moins beaux

Plate 95

95. South Porch.

beautiful than those of the North porch, which are broken up by columns and arcades and rich in contrasts of light and shade.

As regards subject, the sculptures of this porch are devoted to the second coming of Christ and the last judgment, and to saints, martyrs and confessors. Usually in thirteenth-century cathedrals, the North side, the region of cold and darkness, is devoted, as we have seen (p. 103), to the Old Testament, the South side, the region of light, to the New Testament, and the West, the side of the setting sun, to the Last Judgment. But here, the twelfth-century West front having taken for its subject the Glorification of Christ, the South porch sets forth the Last Judgment. The Judgment itself occupies the central bay, the left one being given to Martyrs and the right one to Confessors.

The sculptures were not finished till about 1280. They are extremely fine; the large statues are perfectly well proportioned, the heads noble and full of character, the draperies almost classic in line. In addition to technical excellence, the artists have shown skill in expressing character, and in suggesting moral beauty.

The South porch has been thoroughly restored in recent years. This view was taken in September 1901, when the work was practically completed.

---

que ceux du porche nord, entrecoupés de colonnes et d'arcades et riches en contrastes de lumière et d'ombre.

Les sculptures de ce porche sont consacrées au second avènement du Christ et au Jugement dernier aussi bien qu'aux saints, martyrs et confesseurs. Ordinairement dans les cathédrales du 13e siècle le côté nord, région du froid et des ténèbres, est consacré, comme nous l'avons vu (p. 103), à l'Ancien Testament; celui du sud, région de la lumière, au Nouveau; et celui de l'occident, côté du soleil couchant, au Jugement dernier. Ici, le portail du 12e siècle ayant pour sujet la Glorification du Christ, le portail méridional expose le Jugement dernier. Le Jugement à proprement parler occupe la baie centrale, celle de gauche étant donnée aux Martyrs et celle de droite aux Confesseurs.

La statuaire n'a été achevée que vers 1280. Elle est très belle; les grandes statues sont parfaitement proportionnées, les têtes très nobles et bien caractérisées, les draperies presque classiques de lignes. Outre la perfection technique, on a su très bien exprimer les caractères, et peindre sur les visages la beauté morale.

Ce porche sud a été restauré il y a quelques années. La photographie a été prise en 1901, quand les travaux étaient à peu presque terminés.

96. LEFT BAY.

This bay is devoted to the Martyrs. On each side of the door are four large statues of martyrs, and statuettes of others occupy the five orders of the arch. The lintel represents the martyrdom of Stephen, and Christ himself appears on the tympanum holding the martyr's palm. Round the outer arch are statuettes of the Wise and Foolish Virgins, whose history is a parable of the Last Judgment, and ten angels. In the gable is St Anne, holding a vase with a lily.

The left pier of the bay has six bas-reliefs of martyrdoms (plates 100, 101) on each of its four sides. The right one has on its north and east sides six of the four-and-twenty Elders, on its west and south sides, six scenes representing Virtues and Vices. We have seen (p. 124) that in the arch of the North porch the old idea of a "conflict" between the Virtues and Vices was modified, that the triumph of the Virtues was shown rather than the struggle. Here

---

96. BAIE DE GAUCHE.

C'est la baie des Martyrs. De chaque côté de la porte sont quatre grandes statues de martyrs; des statuettes d'autres martyrs occupent les cinq cordons de la voussure. Le linteau représente le martyre de St Etienne, et Christ lui-même paraît sur le tympan portant la palme du martyr. Autour de l'arche extérieure sont les statuettes des Vierges folles et des Vierges sages, dont l'histoire est une parabole du Jugement dernier, et dix statuettes d'anges. Dans le pignon est Ste Anne, tenant un vase de lis.

Le pilier de gauche du porche a sur chacune de ses quatre faces, six scènes de martyres (planches 100, 101). Celui de droite a, sur les faces nord et est, six des Vingt-quatre Vieillards de l'Apocalypse: sur les faces ouest et sud, six scènes représentant des Vertus et les Vices correspondants. Nous avons vu (p. 124) que sur les voussures du porche septentrional l'ancienne idée d'un *conflit*, d'une Psychomachie, était très affaiblie, qu'on représentait plutôt le triomphe des Vertus que la lutte ; ici il n'est rien resté de l'idée d'un conflit, on

there is no suggestion of a conflict, but merely separate representations of each Virtue and its corresponding Vice[1]. The Virtues
are shown as seated figures of women, with a shield and heraldic
animal to distinguish them, and below each is the corresponding
Vice, shown in action. Thus, on the south face of the pillar we find
Chastity, veiled, holding a palm, and Lust, a man embracing a
woman who carries a sceptre and a mirror; Prudence with a serpent
on her shield, and Folly carrying a club (the original form of the
fool's bauble); Humility with a dove and Pride falling from his
horse. On the west face are Faith with a chalice on her shield, and
Idolatry worshipping an ape-like idol; Hope raising her eyes to
Heaven, and Despair stabbing himself; Charity giving her mantle
to a beggar, and Avarice, a woman hiding her gold in her bosom.

---

ne trouve qu'une série de deux tableaux parallèles où sont représentés
chaque Vertu et le Vice correspondant. Les Vertus sont personnifiées
comme des femmes, assises, avec l'écu et l'animal héraldique pour les
qualifier; ensuite le Vice correspondant est montré en action[1]. Ainsi,
sur la face sud, on trouve la Chasteté, la tête voilée, tenant une
palme, et la Luxure, un homme embrassant une jeune femme qui tient
un sceptre et un miroir; la Prudence, avec un serpent sur son écu,
et la Folie portant une massue (forme originaire de la marotte),
l'Humilité avec une colombe sur son écu, et l'Orgueil tombant de son
cheval. Sur la face ouest, la Foi avec un calice sur l'écu et l'Idolâtrie,
un homme qui adore une idole ayant la forme d'un singe; l'Espérance,
les yeux levés vers le ciel, et le Désespoir qui se tue d'un poignard;
la Charité qui donne son manteau à un pauvre, et l'Avarice cachant
son or dans son sein.

[1] Mâle, *L'art religieux*, p. 136 et seq.

Plate 96

96. Left Bay.

Baie de gauche.

97. Left Tympanum.

The lintel and the lowest row of figures in the arch form on these South doors a kind of frieze on the same subject—the first example of this in our cathedral. Here the subject is the story of Stephen. In the arch, on the left, he appears before the Sanhedrin ; he is sitting on a bench and arguing with four Jews (see plate 98). On the left side of the lintel he is dragged out of Jerusalem, on the right side he is stoned. In the arch on the right is a Jew bringing stones in his robe, and others laying their garments at the feet of Saul, who is seated (in the fourth order) on a heap of the garments (see plate 99).

In the tympanum, which is encircled by clouds, Jesus, as being himself a martyr, holds a palm (it is broken, only the end remaining among the clouds). On each side is an angel kneeling. In the first order of the arch are ten statuettes of children with palms,—the Holy

---

97. Tympan de Gauche.

Dans ce porche sud nous trouvons pour la première fois le linteau et le cordon inférieur de la voussure à droite et à gauche formant comme une frise sur le même sujet. Ici c'est l'histoire de St Etienne. Dans la voussure, à gauche, il est devant le Sanhédrin ; il est assis sur un banc et dispute avec quatre Juifs (v. planche 98). Sur le linteau, à gauche, il est traîné hors de Jérusalem, à droite, il est lapidé. Dans la voussure à droite, il y a un Juif qui apporte des pierres dans sa robe, et d'autres qui déposent leurs vêtements aux pieds de Saül, qui est assis dans le quatrième cordon sur le tas de ces vêtements (v. planche 99).

Dans le tympan encadré de nuages, Jésus, comme martyr lui-même, tient la palme (brisée, l'extrémité seule est restée dans les nuages); de chaque côté est un ange agenouillé. Dans le premier cordon de la voussure, dix statuettes d'enfants tiennent des palmes; ce sont les

Plate 97

97. Left Tympanum.
Tvmpan de gauche.

Innocents.   In the second, on the keystone, is the head of the sacri-
ficial ram, whence flows a stream of blood which each of the six
figures in the order receives in his robe (in allusion to Revelation
vii. 14 "they that have washed their robes in the blood of the
Lamb[1]").   In the other orders are likewise martyrs—kings, priests,
bishops, etc.,—in all, there are 28 statuettes of martyrs in the five
orders.

On the outer arch are the Wise and Foolish Virgins, and ten
angels.   The lowest angel on the left is standing on a wheel; he is
a "Throne," one of the Nine Choirs of Angels (see p. 230).   The
Thrones were identified with the Wheels which accompany the
Cherubim in the vision of Ezekiel (chapter i.) and were consequently
represented either by winged and eyed Wheels, or else as angels
standing on a wheel[2].

Saints Innocents.   Dans le cordon suivant, sur la clef, est la tête du
bélier du sacrifice, d'où coule un fleuve de sang que chacune des six
figures du cordon reçoit dans son manteau (allusion à l'Apoc. vii. 14
"ceux qui ont lavé leurs robes dans le sang de l'agneau[1]").   Dans les
autres cordons sont aussi des martyrs, rois, prêtres, évêques, etc.—en
tout, vingt-huit statuettes de martyrs dans les cinq cordons.

A l'extérieur de l'arche sont les Vierges sages et folles, et dix
anges.   L'ange, à gauche, en bas, est debout sur une roue; c'est un
"Trône," l'un des neuf chœurs d'Anges (v. p. 230).   On identifiait les
Trônes avec les Roues qui accompagnaient les Chérubins dans la vision
d'Ezéchiel (Ezéch. i.) et les représentait, ou bien par une roue ailée
et ocellée, ou bien comme un ange debout sur une roue[2].

[1] Compare Lefèvre, " Symbolisme du portail méridional de la cathédrale de Chartres " in
the *Revue de l'art chrétien*, 1907.

[2] Cloquet, " Les Anges " in the *Revue de l'art chrétien*, 1907.

98. STATUES ON THE LEFT OF THE LEFT DOOR.

These statues, like those on the central door of the North porch are set on beautiful twisted columns, ornamented at the top with sprays of foliage. Under the feet of these statues are carved episodes from their lives, which enable them to be identified.

(1) St Theodore of Heraclea (whose head was brought from Rome to Chartres in 1120). He was commander of a legion in the army of the Emperor Licinius, and wears the military dress and armour of the time of Louis IX., coat of mail, tunic, lance, and a shield with fleurs-de-lys on it. He is bare-headed. The emperor tried to make him worship his idols; Theodore pretended to obey, so as to get the idols into his hands, then he broke them and gave the fragments, which were of precious metal, to the poor. Licinius had him beheaded. On the pedestal is Licinius, sword in hand, and Theodore pretending to worship an idol. This statue is one of the best on the porch; it is, says M. Mâle, the "very image of the perfect knight."

---

98. STATUES À GAUCHE DE LA PORTE GAUCHE.

Comme celles de la porte centrale nord, les statues de ce porche sont placées sur de belles colonnes torses, ornées dans le haut de feuillages. Sous les pieds de chaque statue est un socle sculpté de scènes de la vie du saint, aidant ainsi à le distinguer.

(1) St Théodore d'Héraclée (dont la tête fut apportée de Rome à Chartres en 1120). Il était chef de légion dans l'armée de l'empereur Licinius, et porte ici le costume militaire et l'armure du temps de Louis IX., cotte de mailles, manteau, lance, bouclier avec des fleurs-de-lis. Il est nu-tête. L'empereur voulut lui faire adorer ses idoles; Théodore fit semblant de vouloir obéir, afin de s'en emparer; puis il les brisa, et en donna les fragments, qui étaient en métaux précieux, aux pauvres. Licinius lui fit couper la tête. Sur le socle est Licinius l'épée à la main, et Théodore qui feint d'adorer une idole. Cette statue est une des meilleures du porche; c'est, dit M. Mâle, l'image du vrai chevalier.

(2) St Stephen, in deacon's dress, holding a beautifully bound book. On the pedestal is Saul.

(3) St Clement, Pope. He wears the conical tiara, with a single crown, which was the head-dress of the Popes in the 13th century (cf. p. 162). His right hand is raised in blessing, his left carries a crozier. According to the legend, his martyred corpse was thrown into the sea, with an anchor round its neck; his followers came to the shore and prayed that the body might be restored to them; the waves retreated and disclosed a little chapel in which was the body. On the pedestal is the little chapel in the midst of the waves.

(4) St Lawrence, who like Stephen is in deacon's dress, and holds a richly bound book. On the pedestal is the Emperor Valerian (who had the saint roasted on a gridiron) and a devil strangling him.

In the arch above is part of the history of Stephen (see p. 214).

---

(2) St Etienne, en costume diaconal: tenant un livre à reliure richement ornée. Sur le socle est Saül.

(3) St Clément, pape. Il porte la tiare conique, à une seule couronne, des papes du 13e siècle (v. p. 162). Il donne la bénédiction de la main droite, la gauche tient la crosse. Selon la légende, son cadavre fut jeté dans la mer, une ancre au cou; les fidèles vinrent au bord de la mer adresser leurs prières pour que le cadavre leur fût restitué; les vagues se retirèrent et laissèrent à découvert une petite chapelle où était le corps. Sur le socle de la statue est la petite chapelle entourée de la mer.

(4) St Laurent, qui comme St Etienne est en costume de diacre, et tient un livre richement décoré. Sur le socle est l'empereur Valérien, qui le fit mourir sur un gril ardent: un diable l'étrangle.

Dans la voussure au-dessus, on voit une partie de l'histoire de St Etienne (voyez p. 214).

Plate 98

98. Statues on the left of the left door.

Statues à gauche de la porte gauche.

99. Statues on the right of the Left Door.

(1) St Vincent, in deacon's costume. His body was exposed to wild beasts on the sea-shore, but as soon as any appeared, a large crow drove them away—a wolf among others. On the pedestal are the crow and wolf.

(2) St Denis, bishop of Paris, in episcopal dress. He was exposed to lions who had previously been kept without food, but when he made the sign of the cross they crouched down and licked his feet. On the pedestal is a lion.

(3) St Piat, in the dress of a priest. His relics were at Chartres. On the pedestal is Rictius Varus who put him to death.

(4) St George. He was military tribune in Diocletian's body-guard, and like St Theodore wears a coat of mail and carries a shield (but without the fleurs-de-lys); he holds the handle of a broken pennant or lance. On the pedestal, two men are torturing him on a wheel (which, in the legend, broke).

In the arch above is part of the history of Stephen (see p. 214).

---

99. Statues à droite de la Porte Gauche.

(1) St Vincent en costume de diacre. Son cadavre fut exposé, au bord de la mer, aux animaux sauvages, mais aussitôt qu'un animal survenait, un grand corbeau les mettait en fuite, même un loup. Sur le socle on voit le corbeau et le loup.

(2) St Denis, évêque de Paris, en costume pontifical. Il fut exposé à des lions qu'on avait fait jeûner longtemps, mais quand il fit le signe de la croix, ils se prosternèrent, et lui léchèrent les pieds ; sur le socle est un lion.

(3) St Piat, en costume de prêtre. Ses reliques étaient à Chartres. Sur le socle est Rictius Varus qui le fit mourir.

(4) St Georges. Il était tribun militaire dans la garde de Dio-clétien, et comme Théodore, porte la cotte de mailles et le bouclier (mais sans fleurs-de-lis); il tient le manche d'un guidon ou d'une lance brisée. Sur le socle, deux bourreaux le torturent sur une roue (qui, dans la légende, se brisa).

Dans les voussures on voit encore une partie de l'histoire de St Étienne (voyez p. 214).

Plate 99

99. Statues on the right of the left Door.

Statues à droite de la porte gauche.

100. MARTYRDOMS.

This plate shows part of the East face of the pier on the left of the left bay, which is carved with six bas-reliefs of martyrdoms. Beginning at the top, the first two, which are not here shown, are

(1) St Thomas of Canterbury, and

(2) St Blasius. Then come

(3) St Leger. The Mayor of the Palace, Ebroïn, caused nails to be driven into his eyes and his tongue cut out. He is shown half lying down, and the torturer (whose hands are broken) stands before him.

(4) St Vincent (see p. 220). His naked corpse, with a millstone round the neck, lies on the sea-shore; the crow (broken), emerging from clouds, protects it from a wolf and an eagle.

(5) St Lawrence, bound on a gridiron under which are seen flames; a torturer stands beside.

(6) St Cheron, a local saint, a companion of St Denis and the apostle of the district. He is beside a well and carries his head in his hands; his assassin stands behind him, with a purse of money (the payment for the murder), and a sword.

---

100. SCÈNES DE MARTYRES.

Cette planche montre une partie de la face est du pilier qui est à gauche de la baie gauche. Cette face est sculptée de six scènes de martyres. A partir d'en haut, il y a:

(1) St Thomas de Cantorbéry.

(2) St Blaise; ces deux sculptures ne sont pas sur la planche. Puis,

(3) St Léger. Le maire du palais Ebroïn lui fit enfoncer des clous dans les yeux et lui fit couper la langue. Il est à moitié couché; un bourreau est devant lui (ses mains sont brisées).

(4) St Vincent (v. p. 220). Son cadavre nu, avec une meule au cou, est étendu au bord de la mer; le corbeau (brisé), sortant des nuages, le protège contre un loup et un aigle.

(5) St Laurent, lié sur un gril, sous lequel on voit des flammes; un bourreau est à côté.

(6) St Chéron, un saint local, compagnon de St Denis et apôtre du pays chartrain. Il est à côte d'un puits, et tient sa tête dans ses mains; derrière lui est le bandit assassin avec une bourse d'argent et une épée.

Plate 100

100. Martyrdoms.

Scènes de martyres.

101. MARTYRDOMS.

On the north side[1] of the same pier are

(1) St Clement.

(2) St Potentian.

(3) St Lambert: these three are not on the plate.   Then come

(4) St Vitus and his teacher St Modestus, who suffered martyrdom in Lucania.   They were put in a cauldron of melted lead from which they came out unharmed.   The torturer is blowing the fire under the cauldron.

(5) St Bacchus (whose relics were at Chartres).   The torturer is holding him by the hair and scourging him.

(6) St Quentin, seated in a "torture-chair"; his hands were nailed to a stake of which only a fragment between his knees remains.   An executioner is about to cut off his head.

[1] The other martyrdoms represented are (south side) St John the Baptist, St Dionysius the Areopagite, St Saturninus, St Piat, St Procope, St Symphorian; (west side) St Calixtus, St Cyprian, St Ignatius, St Theodore, St Eustace, St Gervais with St Protais.

---

101. SCÈNES DE MARTYRES.

Sur la face nord[1] du pilier sont:

(1) St Clément.

(2) St Potentien.

(3) St Lambert (ces trois épisodes ne sont pas sur la planche).

(4) St Vite et son précepteur St Modeste, martyrs en Lucanie. Ils furent mis dans un chaudron rempli de plomb fondu, d'où ils sortirent sains et saufs.   Le bourreau souffle les flammes sous le chaudron.

(5) St Bacche (dont les reliques étaient à Chartres).   Le bourreau le tient par les cheveux et le fouette.

(6) St Quentin, assis sur une "chaise de torture"; ses mains étaient clouées à un poteau dont il ne reste qu'un fragment visible entre ses genoux.   Un bourreau est sur le point de lui couper la tête.

[1] Les autres martyrs sont: (face sud) St Jean Baptiste, St Denys l'Aréopage, St Saturnin, St Piat, St Procope, St Symphorien; (face ouest) St Calixte, St Cyprien, St Ignace, St Théodore, St Eustache, St Gervais et St Protais.

Plate 101

101. Martyrdoms.

Scènes de martyres.

102. Central Doorway.

This doorway gives a representation of the second coming of Christ, and the Last Judgment, of unsurpassed grandeur. On the tympanum Christ is enthroned as Judge, surrounded by the symbols of the Passion. Below, the dead awaken and are judged. On each side of the door are ranged the Twelve Apostles, whom Christ made judges of the twelve tribes of Israel (Matt. xix. 28). The arch is filled with the nine choirs of Angels. The outer arch has twenty-eight prophets, seated two by two, holding scrolls or books, and fourteen Christian Virgins, each carrying a lily. The four-and-twenty Elders are represented in bas-relief on the pillars of the bay (the six on the east face of the left pillar are on this plate). In the gable are the Virgin and Child, with two censing angels.

102. Porte centrale.

Cette porte forme une des plus grandioses représentations qui soient du second avènement du Christ, et du Jugement dernier. Sur le tympan, le Christ est assis comme Juge, entouré des symboles de la Passion et, au-dessous, les morts ressuscitent et sont jugés. De chaque côté de la porte sont rangés les douze apôtres, que le Seigneur a fait "Juges des douze tribus d'Israël" (Matthieu xix. 28). Les voussures de la porte sont remplies des neuf hiérarchies d'Anges. Sur l'arche de la baie sont vingt-huit prophètes, deux à deux, assis, tenant des banderoles ou des livres, et quatorze Vierges chrétiennes, tenant chacune un lis. Les vingt-quatre Vieillards se trouvent sur les piliers de la baie; on voit les six qui sont sur la face est du pilier de gauche. Dans le gâble est la Vierge avec l'Enfant Jésus, et deux anges qui les encensent.

Plate 102

102. Central Door.
Porte centrale.

103. CENTRAL TYMPANUM, THE LAST JUDGMENT.

Here we have the Last Judgment. In the middle of the tympanum Christ is enthroned; as though to show His wounds, His hands are raised and His side uncovered. The Virgin on one side, St John on the other, seem to plead for sinners. Six angels carry the instruments of the Passion. The one beside Mary has the lance, the one beside St John has the pillar and scourge. Above, four more, their hands covered with napkins, hold one (on the left) the crown of thorns, another (on the right) the nails, and the other two the cross (see note, p. 236).

In the middle of the lintel, below Christ, Michael holds the scales for the weighing of souls. In one scale is a little figure with clasped hands, representing good deeds, in the other a hideous head and toads, representing evil deeds; a little devil is trying to pull down this scale. On the left (i.e. on the right hand of Christ), on the lintel and in the lowest row of the arch are the Blessed (plate 104); on the right (i.e. the left of Christ) are the Damned (plate 105). Above, in

103. TYMPAN CENTRAL: LE JUGEMENT DERNIER.

C'est le Jugement dernier. Au milieu du tympan le Christ est assis sur un trône, son manteau découvrant un côté de la poitrine, et les mains levées, comme pour montrer ses plaies. D'un côté la Sainte Vierge, de l'autre St Jean, assis, semblent plaider pour les pécheurs. Six anges tiennent les instruments de la Passion. Celui à côté de Marie tient la lance, celui à côté de Jean, la colonne et le fouet; au-dessus, quatre anges, les mains couverts d'un voile, tiennent l'un (à gauche) la couronne d'épines, un autre (à droite) les clous, et les deux autres la croix (voyez la note, p. 236).

Au milieu du linteau, au-dessous du Christ, St Michel tient la balance pour la pesée des âmes. Dans un des plateaux est une petite figure, les mains jointes, qui symbolise les bonnes actions; dans l'autre, une tête hideuse et des crapauds symbolisent les mauvaises actions; un petit démon essaye de faire descendre ce plateau. A gauche (la droite du Christ) sur le linteau et dans le cordon inférieur des voussures, sont les Bienheureux (planche 104); à droite (la gauche du Christ) les Damnés (planche 105). Au-dessus, dans

Plate 103

103. Central Tympanum : The Last Judgment.
Tympan central : le Jugement dernier.

the second row, are the dead coming to life. The remaining part of the five orders of the arch is occupied by the nine choirs of Angels, of which such a complete representation is very rare. According to St Dionysius the Areopagite, these celestial choirs are: Cherubim, Seraphim, Thrones; Powers, Dominations, Virtues; Angels, Archangels, Principalities.

In the first order are four Seraphim and four Cherubim, all with six wings (Isaiah vi. 2); the Seraphim hold globes of fire, the Cherubim flames. In the second order are three figures on each side; in the third, four on each side; these are all very similar, with crowns and sceptres mostly, but with no special attributes; we may suppose them to be the Thrones, Powers, Dominations, and Virtues (though none of them have the characteristic form of the Thrones, for which see plate 97 and page 216). In the fourth order, on the left, are five Principalities, in ecclesiastical costume and holding books; on the right, five Archangels, in military dress with shields and javelins, and trampling on dragons[1]. The fifth order has twelve Angels, some with censers, some with torches, others with trumpets.

---

le second cordon, sont les morts ressuscités. Le reste des cinq cordons de la voussure est occupé par les neuf chœurs d'Anges, qu'on ne trouve que très rarement représentés dans leur ensemble comme ici. Selon St Denys l'Aréopage, ces hiérarchies célestes sont: chérubins, séraphins, trônes; puissances, dominations, vertus; anges, archanges, principautés.

Dans le premier cordon il y a quatre Séraphins et quatre Chérubins; tous ont six ailes (Isaïe vi. 2); les Séraphins tiennent des globes de feu, les Chérubins des flammes. Dans le deuxième cordon il y a trois figurines de chaque côté; dans le troisième, quatre de chaque côté; elles sont toutes très semblables, la plupart ayant la couronne et le sceptre, mais sans attributs spéciaux. On peut supposer que ce soient les Trônes, les Pouvoirs, les Dominations, et les Vertus, quoique nulles d'entre elles n'aient la forme caractéristique des Trônes (v. planche 97 et page 216). Dans le quatrième cordon, à gauche, il y a cinq Principautés, en costume ecclésiastique, tenant des livres; à droite, cinq Archanges avec des attributs guerriers, le bouclier et le javelot, et foulant des dragons[1]. Le cinquième cordon a douze Anges, tenant des encensoirs, des flambeaux, ou des trompettes.

[1] Cloquet, "Les Anges," *Revue de l'art chrétien*, 1907.

Plate 104

104. The Blessed.

Les Justes.

104. THE BLESSED.

The Blessed are looking up to Christ, with clasped hands. In the lowest row of the arch, an angel is carrying a soul to Abraham's bosom, in which three little souls are reposing. Other angels are conducting and crowning souls (the crown of life, Rev. ii. 10). Above, four angels are emerging from clouds.

105. THE DAMNED.

The Damned are going towards the mouth of hell (Satan was identified with the Leviathan as described in Job xli. 19—21[1], "a flame goeth out of his mouth" etc., and hell was consequently shown as a monstrous mouth emitting flames). A devil is carrying on his back a soul which he is about to hurl into the mouth of hell, and another is ready to push it with a fork. In the vaulting is a devil with a soul on his back, another leading a lady of rank, a third leading a nun, a fourth holding the hand of a miser who has a money-bag round his neck; a fifth is carrying a woman on his back by the feet, her head downwards, her hair trailing on the ground.

---

104. LES JUSTES.

Les mains jointes, les Justes regardent en haut vers le Christ. Dans le cordon inférieur de la voussure, un ange porte une âme au sein d'Abraham, où reposent trois petites âmes; d'autres anges conduisent et couronnent des âmes (la couronne de la vie, Apoc. ii. 10). Au-dessus, quatre anges sortent des nuages.

105. LES MÉCHANTS.

Les méchants vont vers la gueule de l'enfer (on identifiait Satan avec le Léviathan comme il est décrit dans Job xli. 12 "flamma de ore ejus egreditur[1]," et l'enfer est donc représenté comme une gueule monstrueuse d'où sortent des flammes). Un démon a sur le dos une âme qu'il va précipiter dans l'enfer, un autre l'y pousse avec une fourche. Dans la voussure un démon porte un âme sur le dos, un autre mène une dame de condition, un troisième conduit une religieuse, un quatrième tient la main d'un avare qui a un sac d'argent au cou; un cinquième tient par les pieds une femme sur le dos, la tête en bas, les cheveux traînant à terre.

[1] Mâle, *L'art religieux*, pp. 422—423.

Plate 105

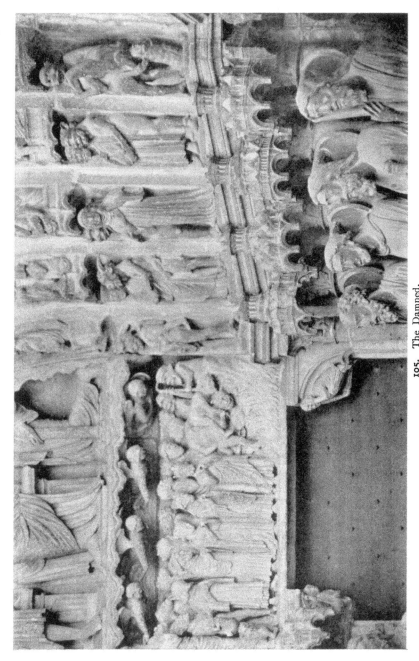

105. The Damned.

Les méchants.

106. STATUES ON THE LEFT OF THE CENTRAL DOOR.

These statues are six of the apostles, who always accompany representations of the Last Judgment as "Judges of the twelve tribes of Israel." Three apostles may usually be recognised by their physical traits: Peter is shown with short curly hair, and tonsured, Paul is bald, and John beardless. The others are less easy to recognise; in the Romanesque period, at least, they have no special attribute, except Peter's keys[1]. In the 13th century they bear the instruments of their deaths: but those of several apostles are identical. Thus, the first four on the left each carry a sword; they are Simon, Matthew, Thomas and Philip (plate 107) (the latter is given a sword through confusion with another Philip: he was in reality crucified). Under their feet are shown their executioners. The fifth is Andrew, carrying a cross (it was only later that he was given the form of cross now called by his name). The sixth apostle is Peter, with short curly hair, carrying a key (usually he has two, the keys of heaven

---

106. STATUES À GAUCHE DE LA PORTE CENTRALE.

Ce sont six des apôtres, qui accompagnent toutes les représentations du Jugement dernier comme étant "Juges des douze tribus d'Israël." Trois apôtres peuvent être reconnus à leurs traits: on figure St Pierre les cheveux courts et frisés, et ayant la tonsure, Paul chauve, et Jean imberbe. Les autres sont moins faciles à identifier; dans la période romane, du moins, ils n'ont pas d'attribut spécial, sauf St Pierre qui a les clefs[1]. Au 13e siècle ils portent les instruments de leur supplice, mais ceux de plusieurs apôtres sont identiques. Ainsi, les quatre premiers à gauche portent chacun une épée: ce sont Simon, Matthieu, Thomas et Philippe (planche 107) (celui-ci porte une épée par quelque confusion—il fut en réalité crucifié). Sous leurs pieds sont figurés leurs bourreaux. Le cinquième est St André, qui porte une croix (ce n'est que plus tard qu'on lui a donné la forme de croix que l'on appelle aujourd'hui de son nom). Le sixième apôtre est Pierre; il a les cheveux courts et crépus, et porte une clef (ordi-

---

[1] Mâle, *L'art religieux*, p. 349.

Plate 106

106. Statues on the left of the Central Door.

Statues à gauche de la porte centrale.

and hell), and the cross on which he was crucified[1]. Under his feet
is Simon the magician, carrying a bag of money. It will be noticed
how skilfully the sculptor has varied the apostles' heads, and how
gracefully the draperies fall, especially those of the statue of
St Andrew.

107. HEAD OF ST PHILIP.

This is a noble face, with the serious brow of a thinker, and an
expression of serenity and meditative sweetness.

[1] The crosses borne by Andrew and Peter, as well as the one on the tympanum (pl. 103),
are simply straight upright bars without arms. It may be supposed that the top is broken off,
though we observe no trace of breakage (see on the right of pl. 107) and cannot well see
where the arms could have been placed. We know of no other case of a cross represented
without arms (which seems a contradiction in terms).

---

nairement il en a deux, celle du ciel et celle de l'enfer) et la croix sur
laquelle il mourut[1]. Sous ses pieds est Simon le magicien, tenant
un sac d'argent. On remarquera avec quelle habileté le sculpteur a
su donner la variété à ces têtes d'apôtres, et la tombée si gracieuse des
draperies, notamment celles de la statue de St André.

107. TÊTE DE ST PHILIPPE.

C'est une noble figure avec le grave front du penseur, et une
expression de sérénité, de douceur méditative.

[1] Les croix portées par St André et St Pierre, de même que celle sur le tympan (pl. 103),
ne sont que des barres droites, perpendiculaires, sans bras. On peut supposer que le haut
ait été brisé, quoique nous ne voyions aucune trace d'une brisure (v. pl. 107, à droite) et que
du reste on ne voie pas bien où les bras auraient trouvé leur place. Mais nous ne connaissons
pas d'autre exemple d'une croix figurée sans bras (ce qui du reste semble une contradiction de
termes).

Plate 107

107. Head of St Philip.

Tête de St Philippe.

108. Trumeau of the Central Door, and Statues on the Right.

On the trumeau is a magnificent statue of Christ (plate 109). His right hand is raised in blessing, His left holds the Book of Life. He is standing on a lion and a dragon—the two usually selected from the four animals of Ps. xci. 13 "Super aspidem et basiliscum ambulabis, et conculcabis leonem et draconem[1]."

On the right of the door, as on the left, are six apostles, of which three are shown on this plate: St Paul, bald-headed, carrying a sword; St John, a beardless youth, holding his gospel and a fragment of a palm, and St James the greater, holding a sword, and recognisable by his shells. The three following apostles are St James the less, with a club, St Bartholomew, holding the cutlass with which he was flayed alive, and St Jude or Thaddeus, with a book. Under St John is a man holding a cup full of serpents; this is Aristodemus, who demanded that John, to convince him, should drink a cup of serpents' poison, which the saint did without taking any harm.

[1] At Amiens Christ is similarly represented, but there all four animals are shown, the asp and basilisk being lower down on the trumeau.

---

108. Trumeau de la Porte Centrale, et Statues à droite.

Sur le trumeau est une magnifique statue du Christ (planche 109). La main droite donne la bénédiction, la gauche tient le livre de vie. Il est debout sur un lion et un dragon; ce sont les deux que l'on choisit ordinairement sur les quatre animaux du Psaume xci. 13 "Super aspidem et basiliscum ambulcabis, et conculabis leonem et draconem[1]."

A droite de la porte, comme à gauche, sont six apôtres. Trois seulement sont figurés sur cette planche: St Paul, au front chauve, tenant une épée; St Jean, jeune homme imberbe, tenant son évangile et un fragment de palme; et St Jacques majeur, tenant une épée, et qu'on reconnaît à ses coquilles. Les trois suivants sont St Jacques mineur, portant une massue, St Bartholomé avec le coutelas dont on l'écorcha vif, et St Jude ou Thaddée, avec un livre. Sous St Jean est un homme tenant une coupe pleine de serpents venimeux; c'est Aristodème, qui demanda que Jean, pour le convaincre, bût une coupe de venin de serpents, ce que le saint fit impunément.

[1] A Amiens le Christ est figuré d'une façon tout à fait semblable, mais là tous les quatre animaux sont représentés, l'aspic et le basilic étant placés plus bas sur le trumeau.

Plate 108

108. Trumeau of the Central Door, and statues on the right.

Trumeau de la porte centrale, et statues à droite.

109. HEAD OF CHRIST.

This is a very beautiful head, finer even in our opinion than the famous "Beau Dieu" of Amiens. It is interesting to compare it with the twelfth-century figure of Christ on the tympanum of the west door (plate 25). This one is more regularly beautiful, more classic, more like the traditional type of Christ. It gives an impression of extreme gentleness even approaching weakness; it lacks the trace of melancholy and even severity which give the twelfth-century head such a character of its own.

---

109. TÊTE DU CHRIST.

C'est une très belle tête, plus belle même, à notre avis, que le fameux "Beau Dieu" d'Amiens. On la comparera volontiers avec celle du Christ du 12e siècle, qui est sur le tympan de la porte occidentale (planche 25). Celle du porche sud est plus régulièrement belle, plus classique, se rapprochant plus du type consacré du Christ. L'expression est d'une douceur extrême qui va presque à la faiblesse; il y manque cette tristesse, cette nuance de sévérité même, que l'on remarque dans la tête du 12e siècle, et qui lui donne un caractère tout particulier.

Plate 109

109. Head of Christ.

Tête du Christ.

110. Detail between the Central and Right Bays.

This plate will give an idea of the system of decoration adopted in the porch—the arrangement of the arcades and columns, the carved capitals, etc. The gargoyle rests on heads of the lion and ox. Above the arcade are carved branches, and a graceful vine runs from the columns of the porch to the gallery of kings above. On the east and south faces of the pier are bas-reliefs representing Virtues and Vices (cf. p. 211), only the uppermost being shown on the plate. On the south face are Docility with an ox on her shield, and Indocility, a woman threatening a monk with a sword; Gentleness, with a lamb, and Harshness, a noble lady thrusting out her foot against a servant who offers her a cup; Strength, with coat of mail, helmet and sword, and a lion on her shield, and Cowardice, fleeing from a hare. On the east face are Perseverance with a crown on her shield, and Inconstancy, a monk leaving his monastery; Obedience,

---

110. Détail entre la baie centrale et celle de droite.

Cette planche donnera quelque idée du système de décoration usité sur le porche—l'arrangement des arcades et des colonnettes, les chapiteaux feuillagés etc. La gargouille repose sur des têtes de lion et de bœuf. Au-dessus de l'arcade sont deux branches sculptées, et une jolie vigne monte depuis les colonnes du porche jusqu'à la galerie des rois au-dessus. On voit sur les deux faces du pilier des bas-reliefs représentant des Vertus et des Vices (cf. p. 211), dont on ne voit que les deux premiers sur la planche. Sur la face sud on trouve la Docilité avec un bœuf sur son bouclier, et l'Indocilité, une femme qui s'avance, l'épée à la main, contre un moine; la Douceur, avec un agneau, et la Dureté, une noble dame qui repousse d'un coup de pied un serviteur qui lui présente une coupe; la Force, une femme en cotte de mailles portant le casque et l'épée, un lion sur son bouclier, et la Lâcheté, un homme qui fuit devant un lièvre. Sur la face est, la Persévérance, avec une couronne sur l'écu, et l'Inconstance, un moine qui s'enfuit du couvent; l'Obéissance, sur l'écu un chameau

Plate 110

110. Detail between the Central and Right Bays.

Détail entre la baie centrale et celle de droite.

with a kneeling camel, and Disobedience, a man about to strike a bishop; Concord, with an olive-branch, and Discord, a man and his wife quarrelling[1]. On each of the other two faces of the pier are six of the Four-and-twenty Elders. The opposite pier (right of the right bay) has 24 Confessors[2], corresponding to the 24 Martyrs of the pier on the left of the left door. Round the arch is a row of angels (the one shown here is standing on a lion, the corresponding angel on the right side of the arch is a "Throne," see p. 216) and a row of the Twelve Apostles.

[1] Mâle, *L'art religieux*, p. 176 etc.
[2] These are: (west) SS. Leo, Martin, Lubin, Avitus, Anthony, Benedict; (south) Gregory, Rémi, Solemnis, Laumer, Calais, Hilarius; (east) Sylvester, Martin, Calétric, Benedict, Laetus, Armel; (north) Ambrose, Martin, Marcel, Giles, Jerome, Martinian.

---

agenouillé, et la Rébellion, un homme qui lève la main contre un évêque; la Concorde, ayant sur l'écu une branche d'olivier, et la Discorde, une femme et un mari se querellant[1]. Les deux autres faces du pilier ont chacune six des Vingt-quatre Vieillards. Le pilier opposé (à droite de la baie droite) a vingt-quatre figures de Confesseurs[2], correspondant aux vingt-quatre Martyrs du pilier à gauche de la porte gauche. L'arche est entourée d'un cordon d'anges (celui qu'on voit sur la planche est debout sur un lion, la figure correspondante de l'autre côté de l'arche est un "Trône," v. p. 216) et un autre cordon composé de douze statuettes d'apôtres.

[1] Mâle, *L'art religieux*, p. 176 etc.
[2] Ce sont: (face ouest) SS. Léon, Martin, Lubin, Avit, Antoine, Benoît; (sud) Grégoire, Rémy, Solenne, Laumer, Calais, Hilaire; (est) Sylvestre, Martin, Calétric, Benoît, Lié, Armel; (nord) Ambroise, Martin, Marcel, Gilles, Jérôme, Martinien.

iii. Right Tympanum.

Here is represented the story of two saints greatly revered in the Middle Ages as miracle-workers—St Martin of Tours and St Nicolas.

On the left is the story of St Martin. On the lintel, he is on horseback, followed by his servant; he gives the half of his cloak to a beggar. Above this, he is asleep in bed, his servant on the floor beside him. The half of the cloak is hanging from the wall. In his dream the saint sees Christ appearing to him, clad in the portion of the cloak given to the beggar.

On the right is the story of St Nicolas, who is represented seven times in the sculptures and windows of Chartres. On the lintel he is giving a dowry to a poor man's three daughters, who were on the point of being obliged to lead a life of sin in order to get bread. The man is lying in bed, his daughters beside him, and the saint is dropping a piece of money through the window. Above is his tomb:

---

iii. Tympan de droite.

Ici est figurée l'histoire de deux saints très vénérés au moyen âge comme thaumaturges—St Martin de Tours et St Nicolas.

A gauche, c'est l'histoire de St Martin. Sur le linteau, il est à cheval, suivi de son serviteur; il donne la moitié de son manteau à un mendiant. Au-dessus, il dort, couché sur un lit: le serviteur est étendu à terre à côté du lit. La moitié du manteau est accrochée au mur. Dans son rêve, le saint voit le Christ qui lui apparaît vêtu de la moitié du manteau donnée au pauvre.

A droite, l'histoire de St Nicolas, qui est représenté sept fois, dans la sculpture ou la peinture, sur la cathédrale. Sur le linteau, il dote les trois filles d'un homme pauvre, qui allaient être réduites à mener une vie de péché pour se nourrir; l'homme est au lit, ses filles à côté de lui, et le saint laisse tomber une pièce de monnaie par la fenêtre.

sick people are being cured by the drops of miraculous oil which fall from it. There are also statues of St Martin and St Nicolas, one on each side of the door.

The lowest row of figures of the arch, on both sides, depicts the legend of St Giles; a doe, hunted by the king of France, takes refuge in the holy hermit's cell.

The remaining part of the five orders is filled with statuettes of saints, among whom are monks, kings, bishops, warriors, etc.; at the top of the last order are a Pope and an Emperor.

Au-dessus est son tombeau, et des malades qui sont guéris par les gouttes d'huile miraculeuse qui en tombent. Il y a encore des statues de St Martin et de St Nicolas à chaque côté de la porte.

Le cordon inférieur des voussures des deux côtés montre la légende de St Gilles; une biche, chassée par le roi de France, se réfugie dans la cellule du saint hermite.

Le reste des cinq cordons est rempli de statuettes de saints, parmi lesquels on voit des moines, des rois, des évêques, des guerriers etc., et en haut du dernier cordon un Pape et un Empereur.

Plate III

III. Right Tympanum.

Tympan de droite.

112. STATUES ON THE LEFT OF THE RIGHT DOOR.

There are four statues on the left of the door. The first is not on the plate : it is a 14th century statue of a local saint, Laumer, a monk of Le Perche.

(2) St Leo, Pope, with a conical tiara, made like that of Peter in plate 73, of a ribbed and checked stuff. On the pedestal are three heads.

(3) St Ambrose, archbishop of Milan. He is pushing the end of his crosier into the mouth of a figure on the pedestal (Maximus, who had made himself emperor in opposition to Valentinian).

(4) St Nicolas, in his costume as archbishop of Myra in Lycia. The man on the pedestal is, according to Bulteau, the hotel-keeper who had murdered two schoolboys, afterwards restored to life by the saint ; this story was very popular in the 13th century.

These three statues are admirable ; they have the lofty dignity of Princes of the Church. The shaven faces give them a surprisingly modern air.

---

112. STATUES À GAUCHE DE LA PORTE DROITE.

Il y a quatre statues à gauche de la porte. La première n'est pas sur la planche; c'est une statue du 14e siècle, figurant un saint local, St Laumer, moine du Perche.

(2) St Léon, pape, portant une tiare conique qui comme celle de St Pierre sur le porche nord (planche 73) est faite d'une étoffe côtelée et quadrillée. Sur le piédestal il y a trois têtes.

(3) St Ambroise, archevêque de Milan. Il enfonce le bout de sa crosse dans la bouche d'une figure sur le piédestal: Maxime, qui s'était déclaré empereur par opposition à Valentinien.

(4) St Nicolas, en costume d'archevêque de Myra en Lycie. L'homme sur le socle est, selon Bulteau, l'hôtelier qui avait égorgé deux jeunes écoliers, ressuscités ensuite par St Nicolas; cette histoire était très célèbre au moyen âge.

Ces trois statues sont admirables; elle ont bien la dignité hautaine des Princes de l'Eglise. Les visages rasés leur donnent l'air étonnamment moderne.

Plate 112

112. Statues on the left of the Right Door.

Statues à gauche de la porte droite.

113. Statues on the right of the Right Door.

(1) St Martin, with mitre and crosier as bishop of Tours. On the pedestal are two dogs, whom Martin, who had power over animals, once stopped from pursuing a hare. This is a very fine statue; "active, severe," says M. Mâle, "he really seems to rule all creatures."

(2) St Jerome. He carries the Vulgate, which he translated from the Hebrew. On the pedestal is the synagogue, a woman with eyes bandaged; the saint takes from her the Old Testament in the form of a roll of parchment; she tries to hold her crown which is falling off.

(3) St Gregory, with the Papal tiara. The legend tells that his secretary once stealthily drew back a corner of the curtain from behind which Gregory was wont to dictate to him, and saw on the saint's shoulder a dove whispering to him. Here the saint has the dove on his shoulder, and on the pedestal is the secretary in a listening attitude.

(4) St Avitus, abbot of Micy. This statue, like the corresponding one on the other side of the door, is of the 14th century. On the pedestal, St Maximin is giving the frock to St Avitus.

---

113. Statues à droite de la Porte Droite.

(1) St Martin, qui porte la mitre et la crosse comme évêque de Tours. Sur le piédestal sont deux chiens, que Martin, usant de son pouvoir sur les animaux, empêcha une fois de poursuivre un lièvre. C'est une très belle statue; "actif, sévère, dit M. Mâle, il commande vraiment à toute créature."

(2) St Jérôme. Il tient la Vulgate qu'il traduisit d'après l'hébreu. Sur le socle est la synagogue, une femme aux yeux bandés; le saint lui prend le Vieux Testament en forme d'un rouleau de parchemin; elle essaye de retenir sa couronne qui tombe.

(3) St Grégoire, avec la tiare pontificale. La légende raconte que son secrétaire, écartant une fois furtivement un coin du rideau derrière lequel St Grégoire avait l'habitude de dicter, vit la colombe sur l'épaule du saint, lui parlant à l'oreille. Ici le saint a la colombe sur l'épaule; sur le socle est le secrétaire qui tend l'oreille.

(4) St Avit, abbé de Micy. Cette statue, comme la correspondante de l'autre côté de la porte, est du 14e siècle. Sur le piédestal, St Maximin donne le froc à St Avit.

Plate 113

113. Statues on the right of the Right Door.
Statues à droite de la porte droite.

114. The Apse.

This photograph of the apse was taken from the other side of the moat surrounding the town, and from a considerable distance. Behind the cathedral the ground falls away steeply to the Eure, which increases the apparent height of the building.

The apse ranks, says Viollet-le-duc[1], among the most remarkable in existence.   It is stayed by flying-buttresses (plate 115) which are a development of the older ones of the nave (plate 39).   It is flanked by two unfinished towers, partly visible on the plate.

---

114. L'Abside.

Cette photographie a été prise de l'autre côté du fossé qui entoure la ville, et d'un point assez éloigné.   Derrière la cathédrale le terrain descend rapidement vers l'Eure, ce qui augmente la hauteur apparente du monument.

L'abside compte, dit Viollet-le-duc[1], parmi les plus remarquables qui existent.   Elle est appuyée d'arcs-boutants à double volée (planche 115), qui sont comme un développement de ceux de la nef, plus anciens (planche 39).   Elle est flanquée de deux clochers inachevés, qu'on voit en partie sur la planche.

[1] *Dict.* I. p. 9.

Plate 114

114. The Apse.

L'abside.

115. Flying-Buttresses of the Apse.

As in the flying-buttresses of the nave, there are three arches of which the lower two are joined by arcades arranged like the spokes of a wheel. But here the shafts are longer, three in number instead of five, and surmounted by pointed instead of round arches; the parts between the arcades are pierced by circles or quatrefoils. The effect is less graceful than that of the flying-buttresses of the nave. Further, those of the choir are "extended" in the lower part, and instead of having niches with statues in the buttresses, they have a row of little pillars supporting a gable (plate 114).

115. Arcs-boutants du Chevet.

Comme dans ceux de la nef, deux arcs sont réunis par des arcades disposées en rayons. Mais ici les colonnettes sont plus longues, au nombre de trois seulement au lieu de cinq, et surmontées d'arches en ogive au lieu d'arches cintrées. Les parties entre les arcades sont percées de rosaces ou de quatrefeuilles. L'effet est moins gracieux que celui des arcs-boutants de la nef. De plus, ceux du chœur sont à double volée, et au lieu de placer des niches avec statues dans les contreforts, on a mis de petites colonnettes supportant un fronton (v. planche 114).

Plate 115

115. Flying-Buttresses of the Apse.

Arcs-boutants du chevet.

116.　Nave and Choir.

The nave, lofty and dark, lighted by magnificent stained-glass windows, is most impressive. The six columns supporting the vault are alternately round and octagonal (see on the left of the plate) and are each flanked by four small columns carved out of the same block of stone; those of the round columns are octagonal, those of the octagonal columns are round. The capitals are beautifully carved with foliage, like those of the north porch[1]. Above, clusters of slender pillars rise to the roof. At the transept crossing are four enormous piers (originally meant to support a tower) whose faces are covered with slender columns. A triforium runs right round the church. The beautiful carved screen of the 13th century, which formerly separated the choir from the nave, was barbarously removed in 1763, and replaced by an iron one. Above the altar is an "Assumption" in Carrara marble by Bridan (1773).

[1] Lambin (*Flore des grandes cathédrales*) enumerates all the plants carved on these capitals.

116.　La Nef et le Chœur.

La nef de la cathédrale, haute et sombre, éclairée par ses vitraux superbes, donne une impression des plus saisissantes. Les six colonnes qui soutiennent la voûte sont alternativement circulaires et octogonales (comme on le voit à gauche de la planche) et sont flanquées chacune de quatre colonnettes taillées dans le même bloc; les colonnettes des colonnes rondes sont octogonales, celles des colonnes octogonales sont rondes. Les chapiteaux sont sculptés de très beaux feuillages pareils à ceux du porche nord[1]. Au-dessus, des groupes de colonnettes montent jusqu'à la voûte. A la croisée sont quatre énormes piliers (destinés originairement à soutenir une tour) dont les faces sont couvertes de colonnettes graciles. Un triforium court tout autour du vaisseau. Le beau jubé sculpté du 13e siècle qui séparait autrefois la nef et le chœur, fut barbarement enlevé en 1763 et remplacé par une grille en fer. Au-dessus de l'autel est une "Assomption" en marbre de Carrare, par Bridan (1773).

[1] Lambin énumère (*Flore des grandes cathédrales*) toutes les plantes figurées sur ces chapiteaux.

Plate 116

116. Nave and Choir.

La nef et le chœur.

117. South Ambulatory.

The choir is surrounded by a double ambulatory. Some of the columns are similar to those of the nave, others are simply cylindrical; one of these is seen on the plate, its beautiful capital is carved with oak-leaves.

The choir is enclosed by a carved screen which is a miracle of flamboyant art (see plates 118, 120), wrought with wonderful lavishness of ornament. It was begun in 1514 under Jehan de Beauce, continued during the 16th and 17th centuries, and finished at the beginning of the 18th. It has a series of forty episodes of sacred history, of which the first four are on this plate. They are the work of Jehan Soulas in 1520.

(1) Joachim, keeping his flocks, is visited by an angel (broken), who foretells the birth of Mary.

(2) The birth of Mary is likewise foretold to St Anne, who is accompanied by her handmaid.

---

117. Pourtour de l'Abside, Côté Sud.

Le chœur est entouré d'un déambulatoire double; quelques-unes des colonnes sont pareilles à celles de la nef, d'autres sont simplement cylindriques; on en voit une sur cette planche, avec un très joli chapiteau orné de feuilles de chêne.

Le chœur est renfermé dans une clôture sculptée, merveille du style flamboyant (planches 118, 120), travaillée avec un véritable luxe d'ornementation. Elle fut commencée en 1514 sous Jehan de Beauce, continuée pendant le 16ᵉ et 17ᵉ siècles et achevée au commencement du 18ᵉ. Elle porte une série de quarante scènes d'histoire sacrée, dont voici les quatre premières, l'œuvre de Jehan Soulas en 1520: (1) St Joachim, gardant ses troupeaux, est visité par un ange (brisé), qui lui prédit la naissance de Marie. (2) La naissance de Marie est de même prédite à Ste Anne qui est accompagnée de sa servante.

Plate 117

117. South Ambulatory.
Pourtour de l'abside, côté sud.

(3)   The meeting of Joachim and Anne (followed by the servant) at the Golden Gate.

(4)   Birth of the Virgin.

The next eight scenes were probably done under the direction of Jehan Soulas: they are (5) the Virgin entering the temple, (6) her marriage, (7) the Annunciation, (8) the Visitation, (9) Joseph learns in a dream of the miraculous conception of the Virgin, (10) the Adoration of the Shepherds, (11) the Circumcision, (12) the Adoration of the Magi (for the two last, see plate 118).

The next two are by François Marchand, 1542: (13) the Presentation in the Temple, (14) the Massacre of the Innocents; (15) the Baptism in Jordan, by Guybert, 1543; the next three by Boudin, 1612: (16) the Temptation, (17) the Canaanitish woman, (18) the Transfiguration. Then come (19) the Woman taken in Adultery, by Jean de Dieu, 1681 (see plate 119), and (20) the Man born blind, by Legros, 1683.

The following eight are of the 18th century: (21, 22) the Entry

---

(3) La rencontre de St Joachim et de Ste Anne (suivie de la servante) à la Porte Dorée. (4) Naissance de la Vierge.

Les groupes suivants sont:

Huit, de la même date, exécutés sous l'inspiration de Jehan Soulas: (5) la Vierge entrant dans le temple, (6) son mariage, (7) l'Annonciation, (8) la Visitation, (9) Joseph apprend en songe la conception miraculeuse, (10) l'Adoration des Bergers, (11) la Circoncision, (12) l'Adoration des Mages (pour ces deux, v. planche 118).

Deux de François Marchand, 1542: (13) la Présentation, (14) le Massacre des Innocents.

Un de Guybert, 1543: (15) le Baptême dans le Jourdain.

Trois de Boudin, 1612: (16) la Tentation, (17) la femme cananéenne, (18) la Transfiguration.

Un de Jean de Dieu, 1681: (19) la femme adultère (v. planche 119).

Un de Legros, 1683: (20) L'Aveugle-né.

Deux de Tuby le Jeune, 1703: (21), (22) l'Entrée à Jérusalem.

into Jerusalem, by Tuby the younger, 1703; (23) Gethsemane, (24) the Betrayal, (25) Trial of Christ, (26) Scourging, (27) Crown of thorns, (28) Crucifixion, (29) the Virgin gazing at the dead Christ; these seven, by Arazières in 1714, are the latest on the screen.

The next four are again of the 17th century, the work of Boudin (like 16—18) in 1611: (30) the Resurrection, (31) the Women at the Sepulchre, (32) the journey to Emmaus, (33) Christ appearing to Thomas. The last eight are contemporary with the first series: (34) Christ appearing to the Virgin, (35) the Ascension, (36) Pentecost, (37) the Virgin adoring the Cross, (38) her death, (39) burial, (40) Assumption and (41) Coronation (plate 120).

Sept d'Arazières, 1714 (les plus récents): (23) le jardin de Gethsémané, (24) la Trahison de Judas, (25) Jésus devant Pilate, (26) Jésus flagellé, (27) la couronne d'épines, (28) le Crucifiement, (29) la Vierge regardant le Christ mort.

Quatre de Boudin, 1611 (comme 16—18): (30) la Résurrection, (31) les femmes auprès du tombeau, (32) les disciples d'Emmaüs, (33) Christ apparaît à Thomas.

Huit de la même époque que les premiers, et faits aussi sous l'inspiration de Jehan Soulas: (34) Jésus apparaissant à la Vierge, (35) l'Ascension, (36) la Pentecôte, (37) la Vierge adorant la Croix, (38) sa mort, (39) ses funérailles, (40) son Assomption, (41) son Couronnement (v. planche 120).

118.　Choir Screen: the Circumcision and the Adoration of the Magi.

These two groups, if not the work of Jehan Soulas, were at least carved under his direction, between 1523 and 1530.

(1)　The Circumcision.　St Joseph holds the child, the Virgin is seated near.　Opposite them are the priest, and a Levite holding a candle and a vessel.

(2)　The Adoration of the Magi.　The Virgin (a beautiful figure) is seated with the Child in her lap.　His right hand is raised in blessing.　The first of the Magi is kneeling, the other two standing behind; the second, as usual, is represented as a negro.　The costumes of the three are interesting as showing the fashions of the time, but ridiculously incongruous with the subject.

118.　Clôture du Chœur: la Circoncision et l'Adoration des Mages.

Ces deux groupes, sinon l'œuvre de Jehan Soulas, furent du moins exécutés sous son inspiration, entre 1523 et 1530.

(1)　La Circoncision.　St Joseph tient l'enfant: la Vierge est assise près de lui.　Devant eux sont le prêtre, et un Lévite portant un cierge et un vase.

(2)　L'Adoration des Mages.　La Vierge (une belle figure) est assise; l'Enfant sur ses genoux lève la main droite pour donner la bénédiction.　Le premier des Mages est agenouillé, les deux autres debout derrière lui.　Le second, selon l'habitude, est représenté comme un nègre.　Les vêtements de tous les trois sont très curieux comme spécimens du costume de l'époque, mais d'une incongruité absurde.

Plate 118

118. Choir Screen: the Circumcision and the Adoration of the Magi.
Clôture du chœur : la circoncision et l'adoration des mages.

119. CHOIR SCREEN: THE WOMAN TAKEN IN ADULTERY.

Continuing round the screen, we take this as a fine specimen of the 17th century work. The sculptor was Jean de Dieu, of Arles; the group was carved in 1681. The woman is looking at Jesus, who stoops down and writes on the ground.

---

119. CLÔTURE DU CHŒUR: LA FEMME ADULTÈRE.

Continuant le tour de la clôture, on se trouve plus loin en face de la partie qui appartient au 17ᵉ siècle, d'où nous choisissons comme exemple ce beau groupe. Le sculpteur en était Jean de Dieu, d'Arles; le groupe fut sculpté en 1681. La femme regarde Jésus, qui se baisse pour écrire sur le sol.

Plate 119

119. Choir Screen: the Woman taken in Adultery.

Clôture du chœur : la femme adultère.

120. Choir Screen: the Assumption and Coronation of the Virgin.

The last eight groups, the work probably of a pupil of Jehan de Beauce and Jehan Soulas, belong to the same date as the first twelve, i.e. 1520.

On the left is the "Tomb of Our Lady." Four angels are raising the body of Mary from the tomb, and Christ is blessing it. Then comes the "Coronation of Our Lady." She is kneeling; the Dove descends on her head, and God the Father and God the Son crown her.

---

120. Clôture du Chœur: l'Assomption et le Couronnement de la Vierge.

Les huit derniers groupes, l'œuvre probablement d'un élève de Jehan de Beauce et de Jehan Soulas, sont de la même date que les premiers, 1520.

A gauche, c'est "le Sépulcre de Nostre-Dame." Quatre anges soulèvent le corps de Marie du tombeau, et le Christ le bénit. Ensuite, "le Couronnement Nostre-Dame." Elle est agenouillée; la colombe descend sur sa tête; Dieu le Père et Dieu le Fils la couronnent.

Plate 120

120. Choir Screen: the Assumption and Coronation of the Virgin.

Clôture du chœur: l'assomption et le couronnement de la Vierge.

BIBLIOGRAPHY.

Principal works on Chartres Cathedral :

BULTEAU : *Petite Monographie*, 1 vol., 1850. *Grande Monographie*, 3 vols., 1887, etc.

DURAND : *Monographie de la Cathédrale de Chartres*, published by the French Government, 1842. (Atlas of plans, drawings, chromolithographs of the stained glass.) Descriptive text by Durand. 1881.

GILBERT : *Description historique de l'Église cathédrale de Chartres*, 1824.

WILLEMIN : *Les monuments français*, 1839 (plates, with description by Pottier).

HAVARD : *La France artistique et monumentale* (Section VI. on Chartres by Gonse), 1895.

HUYSMANS : *La Cathédrale*, 1898 (translated by Clara Bell).

CLERVAL : *Guide Chartrain*, 1896.

MASSÉ : *The City of Chartres*, 1900. (Bell's *Continental Churches*.)

HEADLAM : *The Story of Chartres*, 1902. (Dent's *Mediaeval Towns*.)

An exhaustive bibliography is given at the end of the third volume of Bulteau's *Grande Monographie*.

Other works referred to :

DIDRON : *Iconographie chrétienne*, 1843 ; and *Annales Archéologiques*, vol. XI.

CAHIER : *Caractéristiques des saints dans l'art populaire*, 1867.

LAMBIN : *La Flore gothique*, 1893. *La Flore des grandes cathédrales de France*, 1897. *La Statuaire des grandes cathédrales.*

Mrs JAMESON : *Legends of the Madonna*, 1852, 2nd ed. 1857.

VÖGE, W. : *Die Anfänge des monumentalen Stiles im Mittelalter*, 1894.

MÂLE, E. : *L'art religieux du 13e siècle en France*, 1902 (2nd edition).

SAUER, J. : *Symbolik des Kirchengebäudes*, 1902.

LASTEYRIE: *Études sur la sculpture française au moyen âge*, 1902.

FLEURY, G.: *Études sur les portails imagés du 12ᵉ siècle*, 1904.

MARIGNAN: 'Le portail occidental,' in *Le Moyen Age*, 1898.

LANORE, M.: 'Reconstruction de la façade de la cathédrale de Chartres au 12ᵉ siècle,' in the *Revue de l'art chrétien*, 1899—1900.

CLOQUET: 'La décoration architectonique,' in the *Revue de l'art chrétien*, 1901. 'Les Anges,' in the same review, 1907.

LEFÈVRE: 'Symbolisme du portail méridional,' in *Revue de l'art chrétien*, 1907.

SANONER, G.: 'La vie de Jésus-Christ racontée par les imagiers du moyen âge sur les portes d'églises,' in the *Revue de l'art chrétien*, 1905—1908.

MÉTAIS: 'L'abside,' in *Revue de l'art chrétien*, 1896.

VIOLLET-LE-DUC: *Dictionnaire raisonné de l'architecture française*, 1865—1868.

For EU product safety concerns, contact us at Calle de José Abascal, 56–1°, 28003 Madrid, Spain or eugpsr@cambridge.org.

www.ingramcontent.com/pod-product-compliance
Ingram Content Group UK Ltd.
Pitfield, Milton Keynes, MK11 3LW, UK
UKHW010049140625
459647UK00012BB/1711